本书得到了国家社会科学基金重大项目"新型金融风险冲击下的现代中央银行制度研究"（20ZDA035）和国家自然科学基金2015年一般项目"利率市场化进程中商业银行的信贷行为研究——理论分析与经验证据"（G030201）的资助。

流动性监管与
商业银行风险研究

黄叶苨　著

经济日报 出版社

图书在版编目（CIP）数据

流动性监管与商业银行风险研究 / 黄叶苨著. —北
京：经济日报出版社，2022.6
ISBN 978-7-5196-1105-7

Ⅰ.①流…　Ⅱ.①黄…　Ⅲ.①商业银行—银行监管—
研究—中国　Ⅳ.①F832.33

中国版本图书馆CIP数据核字（2022）第088818号

流动性监管与商业银行风险研究

作　　者	黄叶苨
责任编辑	李晓红
责任校对	林　珏
出版发行	经济日报出版社
地　　址	北京市西城区白纸坊东街2号A座综合楼710（邮政编码：100054）
电　　话	010-63567684（总编室）
	010-63584556（财经编辑部）
	010-63567687（企业与企业家史编辑部）
	010-63567683（经济与管理学术编辑部）
	010-63538621 63567692（发行部）
网　　址	www.edpbook.com.cn
E-mail	edpbook@126.com
经　　销	全国新华书店
印　　刷	天津中印联印务有限公司
开　　本	710 mm × 1000 mm　1/16
印　　张	12.5
字　　数	154 千字
版　　次	2022 年 6 月第 1 版
印　　次	2022 年 6 月第 1 次印刷
书　　号	ISBN 978-7-5196-1105-7
定　　价	59.00 元

前言

　　2008 年国际金融危机的全面爆发使原有的巴塞尔协议暴露出诸多缺陷。面对危机中各商业银行流动性风险管理的不足和缺陷，由巴塞尔银行监督委员会（Basel Committee on Banking Supervision, BCBS）发布的巴塞尔协议 Ⅲ 于 2010 年应运而生。巴塞尔协议 Ⅲ 适时提出了净稳定融资比率 *NSFR* 和流动性覆盖率 *LCR* 两个流动性监管指标，分别从长期和短期两个角度出发进行流动性监管。2011 年，流动性监管框架正式在中国实施，并且（原）银监会要求 2018 年 1 月 1 日起将 *NSFR* 正式纳入监管框架。由于 *NSFR* 的计算更具有可操作性，本书试图以 *NSFR* 为研究对象，从表内传统业务和表外理财业务两个角度研究净稳定融资比率对商业银行风险的影响。首先，本书发现传统业务在资产配置、信用风险和风险抵御能力（体现为融资成本和盈利能力）等各个方面受到了巨大影响。银行自身稳定性和系统性风险也随着流动性指标不同程度的调整力度波动。更让监管层始料未及的是，自流动性监管推进以来，国内的金融业态也发生了巨大的改变。商业银行为规避监管，通过理财产品将资金转移至表外，导致中国影子银行系统迅速壮大。所以，传统的金融监管模式已经不能满足新的形势，我们有必要重新审视中国的影子银行系统以及其间存在的监管问题。

基于以上背景，本书从流动性监管的表内传统业务和流动性监管套利两大主题梳理了相关文献。经过整理后发现，国内对巴塞尔协议Ⅲ流动性监管协议的研究仍处于起步阶段，仅有的研究局限在介绍、评价和简单的理论分析，还没有利用微观数据来定量分析净稳定融资比率 NSFR 影响中国传统商业银行信用风险及风险抵御能力的研究；也没有学者考虑过中国商业银行设置过高的流动性水平的驱动因素；更没有学者研究过商业银行在应监管要求调整监管指标时对系统性风险产生的影响。另一方面，由于巴塞尔协议Ⅲ流动性监管于近几年开始逐步实施，监管当局对中国商业银行的要求也要高于国际水平，导致根植于传统商业银行的影子银行系统出现爆炸式生长。传统的监管方式已经不适应现在的银行体系，学者对中国式影子银行的研究很感兴趣，然而由于缺乏公开集合的数据，对于监管套利和影子银行的研究几乎为零。

基于现有文献的不足，本书试图从表内传统业务和表外理财业务两大角度研究净稳定融资比率对商业银行风险的影响。

首先，基于表内传统业务角度，本书梳理了 NSFR 水平的变动对商业银行资产负债各项业务的影响机制，从而提出其对风险和风险抵御能力的假设。通过实证，本书发现巴塞尔协议Ⅲ长期监管指标净稳定融资比率 NSFR 水平的提高会显著增加银行的负债融资成本，降低银行贷款的信用风险，降低银行贷款资产的收益率，提升银行其他盈利资产的盈利能力。净稳定融资比率 NSFR 的提升虽然不能显著增加中国商业银行生息资产的盈利能力，但是可以通过提升其他盈利资产盈利能力的方式显著提升银行的单位资产盈利水平。所以，NSFR 的提高会降低商业银行的信用风险，并通过增加融资成本降低银行的风险抵御能力，但总体来看又能通过提高单位资产盈利能力来增加银行的风险抵御能力。故 *NSFR* 监管对商业银行表内业务的各方面均产生了影响。

同样属于表内传统业务的研究范畴，*NSFR* 的动态调整对银行稳定性和系统性风险的影响同样值得关注。首先，本书提出了商业银行设定 *NSFR* 调整目标和调整速度的驱动因素。作者研究发现，在巴塞尔委员会 2009 年、（原）中国银行业监督管理委员会 2011 年提出净稳定融资比率 *NSFR* 要求后，我国商业银行一直在积极地调整着流动性水平，且各银行 *NSFR* 实际水平几乎都高于巴塞尔委员会和（原）中国银监会设置的最低 100% 的要求。作者当进一步地采用部分调整模型进行分析后发现：领导人与监管层的反复强调、商业银行不良贷款水平的攀升与银行资本充足率水平的提高是我国商业银行设置较高 *NSFR* 目标水平的重要原因，而银行增长计划、资金成本过高和长短期利差缩窄是其积极调整 *NSFR* 的重要因素。

利用部分调整模型计算出的 *NSFR* 调整目标和调整速度，本书进一步研究了流动性水平调整对系统性风险的外部性溢出，因为单个银行的稳定不等价于整个银行体系的稳定。通过梳理有关系统性风险的文献后，确定使用系统性风险损失的边际贡献（*MES*）作为系统风险的代理变量。研究发现，较高的 *NSFR* 目标水平和稳健的调整速度有利于提高个体稳定性（*ADZP*），降低单个银行在系统性风险损失的边际贡献（*MES*）；而商业银行设置的净稳定融资比率调整速度越快越不利于维持银行自身的稳定性，同时还会对系统性风险损失产生负外部性效应。针对该实证结果，本书提出三道"金融防火墙"：保持合适水平的"银行流动性缓冲"，完善我国商业银行"信息披露制度"，继续完善"存款保险"制度并建立完善"银行破产清算"制度。

从以上研究可以发现，商业银行表内业务的风险行为在新监管实施后受到了严重的影响。商业银行为躲避监管，通过理财产品将业务转移至表外理财业务之中，由此产生了大量的监管套利行为。故本书首先介绍了我国商业银行表外理财业务的典型模式和发展原因——监管套利。在总结了监管压力下表外业务发展状态的一般性经济学规律之后，本书建立了关于流动性监管套利、透明度与影子银行风险的供给–需求模型，模型的基本思想是：银行为理财产品的供给端，受监管和规模约束，其目标是最大化银行的表内外总净财富，最终做出有关理财产品利率–供给量的决策；投资者为理财产品需求端，根据理财产品的透明度和观测到的收益率来推断理财产品的真实风险，其目标是最大化自身的净收益，最终做出有关理财产品利率与需求购买量的决策。供给端和需求端共同决定出清的均衡利率与数量。本书的理论模型均衡解说明：银行受到的监管压力越大，越有扩张表外理财产品业务进行监管套利的动机；银行透明度的提升不一定会减少理财产品的规模，但是会抑制过度的风险承担行为。

在理论模型提出的两条假说的基础之上，本书进行了有关流动性监管套利、透明度与影子银行风险的实证检验。结果表明流动性监管套利是商业银行大力扩张表外理财业务的动因之一。依照中国巴塞尔协议Ⅲ的要求，银行的表内流动性监管压力越大，越有扩张表外理财产品业务的监管套利动机，表外理财产品业务风险也越高；当流动性监管要求发生或严或松的变化时，监管套利对表外业务扩张和风险承担行为的影响会相应发生变化；银行透明度和产品透明度的提高能够缓解流动性监管压力导致的影子银行过度风险承担，且不会抑制银行理财产品业务的发展。除了流动性监管以外，本书也发现存贷比、资本监管均会产生类似的结果。故本书提出，应重点关注监管达标压力较大的商业银行，提高表外理财业务的信息透明度。这样不仅有利于监管层了解商业银行的真实监管达标程度，也有利于投资者识别项目风险，从而预防由于流动性冲击带来的金融危机。

最后，本书对研究结论进行了归纳，并就前文的理论和实证分析结果提出了相应的政策建议，同时还指出了研究不足之处以及未来可能进一步的研究方向。

本书的研究工作得到了国家社会科学基金重大项目"新型金融风险冲击下的现代中央银行制度研究"（20ZDA035）和国家自然科学基金 2015 年一般项目"利率市场化进程中商业银行的信贷行为研究——理论分析与经验证据"（G030201）的资助。我还要在此感谢自己的父母、教育多年的导师刘莉亚、我的人生伙伴兼合作者周边及在学术之路上对我帮助很大的师兄李明辉，感谢出版社同仁为本书出版付出的辛勤劳动。本书有部分内容参考了有关单位和个人的研究成果，均已在参考文献列出，在此一并致谢。由于作者水平有限，虽几经改稿，书中错误和缺点在所难免，欢迎广大读者不吝赐教。

Abstract

The outbreak of the international financial crisis in 2007 exposed many defects of the original Basel agreement. The Third Basel Accord (Basel Ⅲ) came into being to fix the shortage and defects of liquidity risk management that is not concerned in the Basel I or Ⅱ . In 2011, the liquidity regulatory framework was formal implemented in China, which excerted great influence on the asset allocation, credit risk and the ability to resist risk (in the form of financing cost and profitability) of traditional business of commercial banks. At the mean time, banks' systemic risk also fluctuated with the different degrees of liquidity adjustment. What's more, China's the domestic financial market had unexpectedly undergone tremendous changes since the promotion of liquidity regulation. Commercial banks transfer their business to off-balance sheet through financial products (also called wealth management products, WMPs) in order to avoid supervision. This trend witnessed the rapid growth of China's shadow banking system. China's shadow banking came into being against the background of the sharp contraction of credit supply during 2011 and 2013, on the one hand to avoid the "directional" administrative control, on the other hand, to avoid financial supervision. Therefore, the traditional model of financial supervision is unable to meet the new situation, we need to re-examine China's shadow banking system and its regulatory issues.

In order to study the problem more comprehensively, this paper studies the impact of Basel III-liquidity regulation from two angles: the traditional on-balance business and off-balance-sheet business. This dissertation consists of eight chapters and can be concluded as following:

Firstly, from the angle of the on-balance business, we study the mechanism of the impact of *NSFR* on the risk of traditional commercial banking business. We find that *NSFR* can significantly increase debt financing costs, reduce the credit risk of bank loans, decrease the yield rate of loan assets, and enhance the bank profit profitability on other assets. Although the increase of *NSFR* cannot significantly increase the profitability of the interest-earning assets, it can enhance the profitability of other earning assets significantly. Therefore, *NSFR* can overall enhance the bank's total assets' profitability (*ROA*) . In conclusion, the increase of *NSFR* will reduce the credit risk of commercial banks, but reduce the resilence of risk shock by increasing the cost of financing. But overall it can increase the bank resilence by improving the profit level.

Secondly, the dynamic adjustment of *NSFR*, which is also a main topic for on-balance business, deserves great attention from the academia. After the *NSFR* requirements are proposed, China's commercial banks have been actively adjusting their liquidity level. So far, the actual levels of *NSFR* are higher than the lowest requirements (100%) . Our further study showed that the target level and the speed of *NSFR* adjustment of Chinese commercial banks were higher than that of foreign banks based on the partial adjustment model. In fact, the reasons that China's commercial banks set higher *NSFR* targets level are the non-performing loans, bank capital adequacy level, and the repeated addressing of liquidity regulation by the Chinese regulators or government. As for the speed of *NSFR* adjustment, the growth plan, the high cost of capital and the narrowing of long and short term spreads are also important factors.

Based on the adjustment target and adjustment speed of *NSFR* in Chapter 4, the externality of liquidity adjustment to systemic risk is studied. The marginal expected shortfalls (*MES*) are calculated as the proxy variable of system risk, which means the marginal expected risk spillovers by individual bank to the system risk. We found that the higher is the *NSFR* target level, the greater individual stability (*ADZP*) and lower *MES*. Meanwhile, the faster the *NSFR* adjustment speed, the more unfavorable it is to maintain the stability of banks as well as the system risk loss. The study shows that inapproperiate adjustment plans will have negative externality to the system. According to the empirical results, this paper puts forward three "financial firewalls". Firstly, maintain the appropriate level of bank liquidity buffers. Secondly, improve China's commercial banks' information disclosure level. Thirdly, continue to improve the deposit insurance system and the bank bankruptcy liquidation regime.

We know that on-balance business is highly influenced by *NSFR* supervision from above. So banks expand their off-balance business under the pressure. How to improve financial regulation regime has long been one of the most important issue of Chinese government. Chinese shadow banking, which arose in recent years, has attracted the most attention. I summarized 5 most popular model of *WMPs* and found out the underlining economic rule. Using the basic idea, I set up a partial equilibrium model about Chinese wealth management products (*WMPs*) which are deeply rooted in the traditional Chinese commercial banks. According to the model we lodge out two hypothesises: Regulatory Arbitrage Hypothesis and Information Asymmetry Hypothesis.

Then, we use the data of Chinese wealth management products during 2006 to 2015 to test the two hypothesis. We find that regulatory arbitrage is the main driver of *WMP*'s rapid expansion. The more pressure of the regulation, the more incentive for the commercial banks to expand the size of off-balance-*WMP* and risk-taking behavior. When the regulatory requirements are recalibrated, the effect of regulatory arbitrage on marginal risk taking behavior becomes reinforced or reduced. We also argue that transparency can moderate the drive-up behavior. Some relevant suggestions are provided to solve the over-expansion and risk-taking behavior according to the results.

The contributions of this paper are as follows:

Firstly, the quantitative study of Basel Ⅲ is still in its infancy and the domestic study of Basel Ⅲ mainly stays in qualitative analysis stage. In this paper, we analyzed and measured the liquidity supervision index raised by Basel Ⅲ. Furthermore, the empirical test is carried out to analyze the mechanism of the influence of the long-term liquidity supervision indicators on bank credit risk and risk-taking behavior.

Secondly, we used partial adjustment model to calculate the optimal *NSFR* target level and actual adjustment speed of China's banking industry. And we analyzed the driving factors of the optimal level and adjustment speed from the perspective of special characteristics of China's banking industry. We proved that the inappropriate adjustment plans have negative externality on the bank risk and systemic risk.

Thirdly, a theoretical model of regulatory arbitrage, bank transparency and shadow banking is established. It is proved that transparency can moderate the drive-up behavior by the regulatory arbitrage but will not arouse great fluctuation of the financial system. This paper also quantitatively verifies the relationship between the liquidity regulation arbitrage and the risk of shadow banking. We found that the more stringent supervision, the larger the size and risk of shadow banking, which further verifies the theoretical model. Lowing the level of bank or *WMP*'s information asymmetry can better the prospects of successful resolution.

Key words: Basel Ⅲ, liquidity rgulation, risk-taking behavior, systemic risk, on-balance-sheet business, off-balance-sheet business, regulatory arbitrage, transparency

目录
CONTENTS

第一章 绪论

第一节 研究背景和问题的提出

一、选题背景

2008 年国际金融危机的全面爆发使原有的巴塞尔协议暴露出诸多缺陷。面对危机中各商业银行流动性风险管理的不足和缺陷，巴塞尔协议Ⅲ应运而生。中国版的巴塞尔协议Ⅲ协议也在 2013 年全面实施，并要求各家银行在 2018 年前达到新的标准。让监管层始料未及的是，就在这短短的四年间，国内的金融业态发生了巨大的改变。商业银行为规避监管，通过理财产品将资金转移至表外，导致了中国影子银行系统的迅速壮大。传统的金融监管模式已经不能满足新的形势，我们有必要重新审视中国的影子银行系统以及其监管问题。

在 2017 年的中央金融工作会议中，习近平总书记明确提出："要把防控金融风险放到更加重要的位置，下决心处置一批风险点，着力防控资产泡沫，提高和改进监管能力，确保不发生系统性金融风险。"^①而要做好风险的防控，不仅仅要做好传统金融机构的监管，还要做好新形势下影子银行的监管。在此形势背景下，本书将巴塞尔协议Ⅲ长期流动性监管对商业银行风险的影响研究分为两大部分：传统的商业银行表内业务和新形势下由表外理财产品业务构成的所谓"银行的影子"。

（一）后危机时代全球加强对银行业的流动性监管

在 2008 年的国际金融危机中，许多银行尽管资本充足，但仍因缺乏流动性而陷入危机，金融市场也从流动性过剩迅速逆转成流动性紧缺。那些使用短期资金为长期资产融资的最脆弱的银行无法继续进行展期（Admati, et al., 2011, Miles et al., 2011），给次贷市场和公共部门造成了巨大损失。虽然存款保险被认为是防止存款挤兑的解决方案，但是这次的流动性危机仍然在金融市场多领域发生，如联邦基金（Afonso et al., 2011）、银行间市场（Acharya & Merrouche, 2013）、回购市场（Gorton, 2009）和资产证券化市场（Brunnermeier, 2009）。流动性在短时间内消失得一干二净，英国诺森洛克银行（Northern Rock PLC）、德国萨克森银行（Sachsen LB）等一些世界知名银行陆续倒闭，危机蔓延到整个国际银行体系。

在中国，资本市场尤其是股票和债券市场与较发达国家仍有一定差距，以商业银行为主的金融机构为整个经济体的运行提供了 80% 左右的流动性（见图 1–1）。另一方面，2009 年"四万亿"刺激后，宏观调控收紧，表内业务监管加强，银行借道表外，非标规模迅速膨胀，表外业务和同业业务快速扩张，资金期限错配严重、杠杆放大。2013 年 6 月 20 日，银行间隔夜回购利率最高达到 30%，7 天回购利率最高达到 28%。6 月 24 日，股市大跌，沪指

---

① 新华网2017年4月26日，http://finance.people.com.cn/n1/2016/1216/c1004-28956359.html

破 2000 点。银行间市场拆借利率大幅飙升之后，"钱荒"传导效应大面积扩散至资本市场，银行股全面下挫。当日，沪指收盘报 1963.23 点，跌幅 5.30%；深成指暴跌 6.73%，创下近 4 年来最大单日跌幅[①]。

从以上分析可以看到，虽然中国在 2008 年国际金融危机中未经历很大的波折，但是其自身经济运营中对银行流动性监管的疏漏已经造成了一定的恐慌，从而给我国宏观审慎监管敲响了警钟。

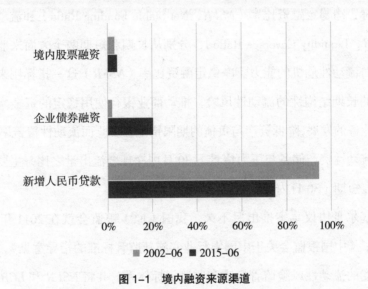

图 1-1 境内融资来源渠道

（二）巴塞尔协议Ⅲ流动性监管的提出及其在中国的实践

面对危机中各商业银行流动性风险管理的不足和缺陷，巴塞尔委员会于 2010 年 12 月 16 日提出了《第三版巴塞尔协议：流动性风险计量标准和监测的国际框架》协议草案，即巴塞尔协议Ⅲ，并要求各成员国与经济体两年内完成相应监管法规的制定和修订工作（BCBS, 2010）。巴塞尔协议Ⅲ要求各国与经济体于 2013 年 1 月 1 日开始实施新监管标准，2019 年 1 月 1 日前全面

---

① 数据来源：Wind资讯，http://www.gov.cn/jrzg/2013-06/24/content_2432545.htm

达标。

巴塞尔协议Ⅲ首先提高了资本监管的要求：第一，提高核心资本的要求，弱化了附属资本的要求；第二，提出了逆周期超额资本的要求[①]，增强银行抵御外部经济冲击的能力；第三，根据银行的系统重要性程度提出了附加资本要求。

与之前的巴塞尔协议[②]最大的不同在于，巴塞尔协议Ⅲ适时提出了流动性监管指标：净稳定融资比率（$NSFR$，Net Stable Funding Ratio）和流动性覆盖率（LCR，Liquidity Coverage Ratio），分别从长期和短期两个方面来监测商业银行应对流动性危机的能力。净稳定融资比率（$NSFR$）这一指标用来监测商业银行的长期结构性的流动性风险，推动商业银行使用稳定的资金来源支持其资产业务的发展，降低资产与负债的期限错配程度。而流动性覆盖率（LCR）指银行流动性资产储备与压力情景下 30 日内净现金流出量之比，主要用于衡量银行在短期（30 日内）单个银行流动性状况。

巴塞尔Ⅲ协议草案推出后不久，我国（原）银监会就在 2011 年 4 月 27 日发布了《中国银监会关于中国银行业实施新监管标准的指导意见》，提出建立多维度的流动性风险监管标准和监测指标体系，并将 $NSFR$ 和 LCR 纳入其中。2013 年"钱荒"以后，我国金融市场环境发生重大变化，（原）银监会进一步加强了商业银行流动性风险管理，在 2014 年初发布我国首个《商业银

[①] 逆周期超额资本要求指银行在监管当局要求下在经济上行期提取一定资本金用于在经济下行期时吸收损失，维护经济周期内的信贷供给稳定。

[②] 近年来资本监管对银行业带来的影响是显而易见（Admati et al., 2011, Miles et al., 2011）。它不仅提升了银行的X效率还降低了银行的融资成本，但是从巴塞尔协议I到巴塞尔协议Ⅱ的过渡已经使得银行习惯于巴塞尔协议Ⅲ对资本的进一步要求。而自2008年金融危机以来新型银行经营模式、新环境、经济周期所带来的问题远非资本监管可以解决。所以相比之下巴塞尔协议Ⅲ新提出的流动性监管要求更令人瞩目，这也是本书对研究侧重点的考虑。

行流动性管理办法（试行）》（下文简称《办法》），并于 2014 年 3 月 1 日正式实施。《办法》参考巴塞尔协议Ⅲ中的流动性风险监测主要框架，结合中国实际情况，确立存贷比、流动性比例和流动性覆盖率三大监管指标。2015 年（原）银监会对《办法》进行修订，由于巴塞尔协会对 NSFR 指标的计算准则还在不断更新，故银监会在最新《办法》中暂时未纳入巴塞尔协议Ⅲ的净稳定资金比例 NSFR 指标。但目前巴塞尔委员会已经明确将其作为约束性指标，要求 NSFR 指标不低于 100%，并在 2014 年 10 月的《巴塞尔协议Ⅲ：净稳定资金比例》中规定实施时间为 2018 年 1 月 1 日。实际上，国内商业银行仍需按照监管要求上报 NSFR 指标的实际情况，同时监管层也表示"待未来成熟后作为长期流动性风险结构统一的监管要求"。所以，NSFR 长期流动性监管的地位举足轻重。

（三）中国版巴塞尔协议Ⅲ的推进过程对商业银行的风险管理产生了巨大的影响

那么，中国版巴塞尔协议Ⅲ是否起到了抑制风险行为的作用？随着巴塞尔协议Ⅲ的逐步实施，银行的各类表内业务均受到了不同程度的约束。银行更倾向增加资金来源的稳定性，提升资产项目的流动性。当各类项目发生变动时，净稳定融资比率对我国商业银行的负债融资成本、贷款信用风险、贷款及其他盈利资产收益率、银行生息资产的盈利能力和单位资产的盈利水平也将间接产生影响。

同时，随着巴塞尔协议Ⅲ的逐步实施，中国监管当局对商业银行的监管越发严格。这也造就了根植于传统商业银行的表外理财业务的迅速发展。中国的影子银行产生于 2011—2013 年间信贷大幅紧缩的背景之下。中国表外业务的规模呈现爆炸式增长态势，究其原因，一方面是为了规避"定向式"的行政管制，另一方面则是为了逃避金融监管（见图 1-2）。这样的影子银行模式根植于中国商业银行系统，通过理财产品获取流动性，将资金注入无法从商业银行体系或正规直接融资体系获得融资支持的实体。

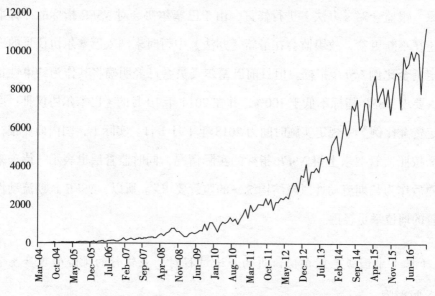

图 1-2　2004 年 4 月—2016 年 12 月银行理财产品每月新发行数量

数据来源：中国理财网。

习近平总书记在 2017 年 4 月 26 日中共中央政治局第十次集体学习时强调要加强金融监管，统筹监管系统重要性金融机构，统筹监管金融控股公司和重要金融基础设施，确保金融系统良性运转，确保管理部门把住重点环节，确保风险防控耳聪目明，形成金融发展和监管强大合力，补齐监管短板，避免监管空白。[①] 实际上，整顿混业经营，金融监管补短板已成为 2017 年的重要监管目标。长期以来一直处于监管缺位状态的影子银行系统，则是此次"金融监管补短板"的重中之重。

---

① 《习近平主持中共中央政治局第十次集体学习》，新华社，2017年4月26日，http://news. xinhuanet.com/2016-04/30/c_1118778656.htm

所以，若要考虑流动性监管对商业银行风险行为的影响，则不能再局限于表内业务的研究，还需要考虑监管套利对银行表外业务造成的风险溢出效应。

二、问题的提出[①]

针对以上问题，相较于以往以资本充足率为主要监管约束的巴塞尔协议Ⅱ，全球对银行业流动性风险、流动性监管、金融危机防范等问题投入了越来越多的关注。并且，目前关于净稳定融资比率的研究，国外已深入到银行业务行为变化、资产负债表调整、银行盈利水平、信贷投放（Kapan & Minoiu，2013）和经济增长等方方面面。然而国内学界则受制于银行经营明细数据，对巴塞尔协议Ⅲ的研究进展缓慢，目前的研究较多为对巴塞尔协议Ⅲ的介绍性研究和定性讨论。那么，新监管要求的实施对商业银行的风险和风险抵御能力将产生什么样的影响？什么因素将驱动银行完成指标的调整？调整速度的过快或过慢对系统性风险会否产生负的外部性影响？同时，由于数据可得性的限制，仅有的对巴塞尔协议Ⅲ流动性监管的文献均围绕着银行的传统业务。对根植于传统商业银行的表外业务研究几乎为零。在中央、监管当局多管齐下加强金融监管的背景下，商业银行会产生怎样的监管套利行为？监管套利行为对影子银行的规模和风险会产生什么样的影响？我们又该如何防范？回答这些问题均是本书的意义所在。

---

① 本书背景截止时间为2018年4月。

三、研究的意义

（一）研究的理论意义

第一，中国对巴塞尔协议Ⅲ流动性监管的研究多停留在对监管框架的介绍和评价（钟伟和谢婷，2011），只有少数的学者分析了其对银行操作层面的影响（隋洋和白雨石，2015；田娟，2014；陆静，2011），对 NSFR 进行定量分析的研究更少（李明辉等，2016；潘敏等，2016）。本书定量分析了 NSFR 对中国商业银行微观表现的影响机制有助于扩展学者对流动性监管理论的理解和认识。

第二，本书参考 Berger et al.（2008）资本充足率的部分调整模型，计算得到中国商业银行动态最优的流动性缓冲水平和实际调整速度，结合中国实际情况理论分析了影响流动性缓冲和实际调整速度的各方面因素，为商业银行流动性风险管理理论做出贡献。本书系统地分析流动性缓冲和流动性调整速度对银行自身风险承担行为及对系统性风险的外部性溢出的影响，为银行流动性监管理论提供了新的思路。

第三，本书建立了有关巴塞尔协议Ⅲ流动性监管套利、银行透明度与表外业务规模及其风险的数理模型，具有重要理论意义。本书对理论模型进行的实证研究对未来关于影子银行相关的实证研究具有参考作用。

（二）研究的现实意义

第一，帮助商业银行梳理应对新监管要求的措施。中国版巴塞尔协议Ⅲ从 2012 年开始逐步实施，预期 2019 年全面达标。梳理流动性监管指标的初衷和各成分的含义有助于商业银行制订计划，适时调整资产负债表结构，有利于商业银行预测流动性监管指标对自身融资成本、盈利能力、信用风险等各方面的影响，从而制定应对措施。

第二，全面了解商业银行的流动性管理水平和调整态势，找出商业银行主动管理流动性缓冲水平的影响因素，将有利于政府更有序地引导流动性监管的实施。对商业银行流动性管理与系统性风险的研究有助于政府预测流动性监管过程中可能发生的意外。

第三，本书的研究成果对回答"如何在金融监管趋严时降低影子银行的监管套利行为"有重要借鉴意义。本书认为监管当局提高银行透明度或产品透明度不必然会抑制表外理财业务的规模扩张，但是会降低银行风险承担行为。

第二节　研究思路与方法

一、研究思路

本书的主要目的是研究巴塞尔协议Ⅲ流动性监管在中国实施后，商业银行的各方面风险受到了怎样的影响。本书认为，为了更全面地分析这一问题，应从表内传统业务部门和表外理财部门两大角度同时切入。一方面可以弄清巴塞尔协议Ⅲ流动性监管对传统商业银行业务产生的直接影响，另一方面还可以厘清趋严的监管对影子银行发展产生的间接影响。这两方面问题的研究和进而提出的建议对监管层认清商业银行各方面的行为变化及制定相应措施具有决策参考价值。

对于传统业务的研究，本书进行了变量 NSFR 对银行的信用风险、风险抵御能力等微观影响的讨论；从动态的角度思考商业银行调整 NSFR 的主要驱动因素；深入探讨不同的调整态势对银行自身的风险和系统性风险所产生的影响。

对于表外理财业务的研究，本书首先想要回答中国的商业银行理财产品业务究竟是否存在流动性监管套利行为；流动性监管套利行为对表外理财业务的发展和风险是否有正向作用；在确定监管套利行为存在的基础上，本书试图寻找解决监管套利行为的方法。

为了回答这些问题，本书始终坚持"研究背景—理论分析—实证检验—结论建议"的研究思路。具体地，本书在每一章都会对本章主题的社会背景、热点话题进行介绍，并简要展示一些能够反映出基本情况的数据表格。接着，本书根据背景和事实进行详细的理论分析或者建立理论模型。根据理论分析和模型，本书将提出可供检验的假设并采用合适的实证方法进行检验。根据实证结果本书会提出符合经济学原理和事实的解释和结论。最终，本书分别从有利于改善我国商业银行经营和完善我国商业银行监管的角度提出有关的政策建议。

二、研究方法与技术路线

关于 NSFR 的传统银行微观机制的研究（见图 1-3），本书认为应采用定性与定量相结合的方法。关于传统银行的微观机制梳理，本书采用定性分析的方法，辅之以定量研究进行检验，使结果更为可靠。银行盈利和净息差（Athanasoglou et al., 2008; Berger et al., 2000; Goddard et al., 2011; 李明辉等，2014）以及风险（Delis & Kouretas, 2011；李明辉等，2014）均具有持续性特征，因此，本书实证研究不采用静态模型，而采用动态模型。其次，虽然（原）银监会对商业银行的净稳定融资比率有最低要求，但是各商业银行仍然会根据自身所面临的风险和经营状况提取部分超过银监会规定的比率，因而可以认为净稳定资金比率并非外生，所以需考虑净稳定融资与风险的逆向因果关系。最后，回归模型中采用的各代理变量在观测时易产生各种测量误差，可能会导致内生性问题。综上，本书将采用动态面板模型解决上述的理论和技术层面遇到的种种问题（Woodridge，2002；李明辉等，2014）。

关于 *NSFR* 的动态调整态势的研究，本书依旧采用定性与定量结合的方法（见图 1–3）。本书根据中国基本国情和商业银行特征分析出可能影响 *NSFR* 调整态势的影响因子。定量研究部分，本书参考 Berger et al.（2008）和 DeYoung and Jang（2016）的部分调整模型（partial adjustment model）构造有关净稳定融资比率的部分调整模型。在模型中加入影响因子可以计算出银行各年的指标目标值、调整速度以及各因素对于目标值和调整速度的影响程度。

基于上文的研究，考虑到还要进一步研究 *NSFR* 目标值和调整速度对于银行自身稳定性和系统性风险的影响，本书将通过大量阅读文献，对比现有系统性风险指标的优劣程度，选定合适的系统性风险指标进行研究。通过理论分析提出有关假设后，采用 OLS 和 FE 两种计量回归方法增强统计方法上的可靠性。

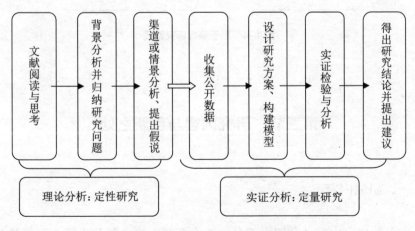

图 1–3　传统商业银行研究路线

关于表外理财业务的研究（见图 1-4），本书首先通过建立关于理财产品供给 – 需求的理论模型得到有关监管套利、理财产品数量、风险的均衡关系，然后进行比较静态分析。定量研究方面，由于缺少可供使用的理财产品公开数据集，本书只能采用手动抓取的方式搜集 2006—2016 年所有的理财产品发行明细数据。模型方法上，在控制了时间效应的同时，本书使用固定效应面板回归解决不可观测的银行个体特征所可能带来的内生性问题。为了进一步解决银行变量之间的内生性问题，本书寻找了监管力度冲击的时间点，进行了 DID（Difference-in-Difference）检验。

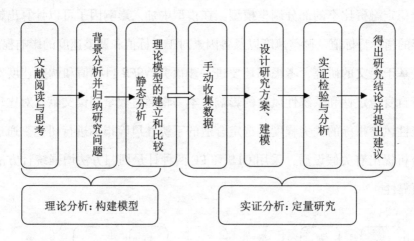

图 1-4　影子银行研究路线

第三节　研究内容与创新之处

一、研究内容

本书的研究内容共分四大部分，八个章节。第一部分为第一章绪论和第二章相关理论和文献综述；第二部分和第三部分为本书的主要部分，期望在有限的篇幅里分别从传统银行业务和表外业务两大角度研究剖析与巴塞尔协议Ⅲ新监管要求相关的主题，涵盖第三章至第七章内容；第四部分为研究的结论与展望，安排在第八章。

第一章是绪论。该部分首先梳理了巴塞尔协议Ⅲ起草的背景、本意及其在中国的实践和引发的问题。其次，在上述背景下本书提出了想要研究和回答的问题，并阐述了这些问题的理论及现实意义。最后本章梳理了研究思路、内容和技术路线。

第二章是商业银行风险监管理论的文献综述。本章首先重点梳理与巴塞尔协议Ⅲ流动性监管的文献和新资本监管理论和实证的相关研究。接着进一步结合中国实际情况，梳理有关影子银行和监管套利的相关文献，为后文两大角度的研究进行铺垫。

第三章是巴塞尔协议Ⅲ净稳定融资比率对商业银行的影响研究。本章将对中国银行业的巴塞尔协议Ⅲ各指标的达标水平进行呈现和剖析。重点对流动性监管给银行带来的潜在和实际影响进行机制分析，并就流动性监管指标对银行风险抵御能力及银行信用风险等方面可能产生的影响提出假设。最后对假设进行实证检验并得出结论。

第四章是巴塞尔协议Ⅲ净稳定融资比率动态调整的驱动因素分析。由第三章可以发现中国商业银行的流动性监管水平几乎全部达到了巴塞尔协议Ⅲ的监管要求。针对该现象，本书试图解释是什么因素导致中国商业银行设置了过高的流动性水平。本章首先运用部分调整模型来测算各商业银行各年的NSFR指标调整速度，并就中国商业银行系统的特色提出了有关速度驱动因素的研究假说。最后对假说进行实证检验并得出结论。本章的实证结果将进一步为第五章系统性风险的外部性研究进行铺垫。

第五章是巴塞尔协议Ⅲ净稳定融资比率的外部性研究。本书在第四章测算了中国商业银行 *NSFR* 的调整速度和调整目标，本章就该调整速度和调整目标对商业银行的个体稳定性及系统性风险所带来的影响进行了实证检验。

第六章是流动性监管套利、透明度与影子银行风险的理论模型构建。本章首先介绍了我国商业银行表外理财业务的典型模式和发展原因——监管套利。其次总结了监管压力下表外理财业务发展状态的一般性经济学规律，从银行理财业务的供给方和需求方两个角度分别建立数理模型。最后对均衡解进行比较静态分析后得出关于监管套利、银行（产品）透明度及理财产品业务关系的理论结论与假说。

第七章是流动性监管套利、透明度与表外理财业务的实证检验。本章采用手动收集的方式获得理财产品层面的数据，然后根据第六章的内容进行了两方面的实证检验：（1）当流动性等监管要求发生或严或松的变化时，银行表外理财产品业务的规模和风险将发生怎样的变化。（2）提高银行透明度和产品透明度能否抑制由监管套利引发的影子银行过度扩张和过度风险承担行为。

第八章是研究结论、建议及展望。本章归纳了全文的主要结论，针对我国商业银行监管理论、监管体系发展过程中的一些问题提出相应的政策建议，最后就该领域未来的研究方向进行了展望。

本书研究内容结构如图 1–5 所示。

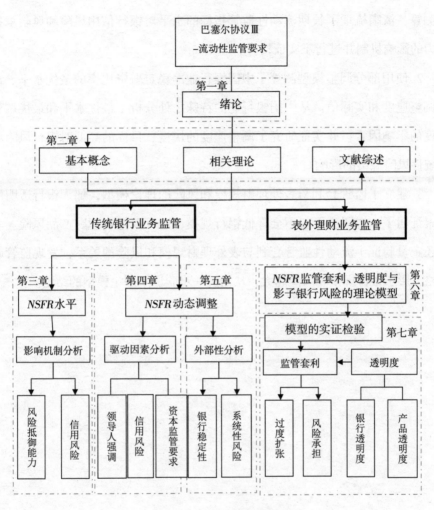

图 1-5 本书研究内容结构

二、创新之处

本书的创新点主要有以下三个方面：

1. 巴塞尔协议Ⅲ的定量研究仍处于起步阶段，国内的巴塞尔协议Ⅲ研究主要停留在定性分析上。本书对中国银行业的新流动性监管指标进行了分析和测算，清晰梳理了长期流动性监管指标的水平对银行信用风险和风险承担能力的影响机制并进行了实证检验。

2. 使用部分调整模型测算了中国银行业净稳定融资比率的最优水平、最优调整速度和实际值。从中国银行业的特殊之处分析了最优水平和最优调整速度的影响因素，并实证研究了调整速度的快慢、目标的高低对银行风险和系统性风险溢出的影响。

3. 建立了监管套利与表外理财规模和风险的理论模型，加入银行透明度因素证明了：透明度不仅不会降低银行规模，还可以抑制理财产品风险。本书还定量验证了流动性监管套利与表外理财规模和风险的关系，发现监管越严格，影子银行规模和风险越大，从而进一步验证了理论模型的结论。

第二章　理论基础与文献综述

　　根据与本书专题的研究紧密程度，本书的文献综述从两大方面展开：首先，本书将归纳巴塞尔协议Ⅲ的国内外相关研究成果。考虑到资本监管的研究已经积累了 30 年之久，所以本书仅从新监管要求——流动性监管进行研究，对资本监管的研究仅作文献归纳。其次，本书对比了国内外影子银行界定的差异，并归纳了影子银行驱动因素的国内外差异。

第一节　巴塞尔协议Ⅲ的相关研究

一、巴塞尔Ⅲ流动性监管相关研究

（一）流动性监管对银行的微观影响研究的国内外比较

　　关于流动性监管对银行自身的影响，国外学者已经从理论和实证的角度进行了研究。理论研究的代表有 Diamond and Kashyap（2016）和 Wei et al.（2017）等，实证研究的代表有 King（2013）、Dietrich et al.（2014）、Härle et al.（2010）和 Bordeleau et al.（2014）等。

虽然关于银行流动性研究的理论文献很丰富，但结合巴塞尔Ⅲ流动性监管建立的模型不是很多。银行具有天然的不稳定性（Diamond & Dybvig，1983），储蓄者看到异动后悲观的理性预期会促使坏的情景发生。Diamond and Kashyap（2016）在 DD 模型（Diamond & Dybvig, 1983）基础上首次讨论了巴塞尔协议Ⅲ信息披露要求和流动性缓冲持有之间的关系，指出了流动性监管的必要性。银行需要留一部分流动性，以保证看见异动的这一部分人即使全部参与挤兑银行也不会破产，于是这些人将没有必要挤兑。Diamond and Kashyap 称这一部分流动性为"凌晨停在火车站的最后一辆的士"，虽然一般情况下不会动用，但这是为了预防流动性危机必须持有的流动性。Wei et al.（2017）建立了一个理论模型，结论表明只要银行给予短期融资足够低的权重，*NSFR* 监管会同时降低银行的破产概率和盈利水平。Benston and Kaufman（1996）认为，银行业具有负外部性是唯一一项监管银行业的经济学理由，究其根本，负外部性主要来自两方面——道德风险和代理成本。

实证研究中，King（2013）采用 15 个发达国家和地区的商业银行数据进行研究，认为 *NSFR* 最低水平的要求会使得银行的净息差平均下降 77~88 个基点，相当于减少 2009 年净息差的 40%。Dietrich et al.（2014）采用西欧 900 多家商业银行的微观数据研究发现，大多数的西欧银行并没有达到巴塞尔协议Ⅲ *NSFR* 规定的最低要求，特别对于资产膨胀速度比较快的银行和大型银行而言，其 *NSFR* 水平更低。对于低 *NSFR* 的银行而言，较低的资金成本优势并没有转化为高的盈利能力，反而使得银行的盈利更具波动性。Härle et al.（2010）研究认为，流动性监管新要求会使得银行表内和表外各项贷款业务及固定收益业务的融资成本上升，*NSFR* 最低监管要求的提高将降低银行的净息差（*NIM*），息差的降低将进一步导致银行权益资本收益率水平的下降。Härle et al.（2010）的定量分析结果表明，*NSFR* 每提高 1% 将会使得欧洲银行权益资本收益率下降 4%，美国银行下降 3%。Bordeleau et al.（2014）采用 1997—2009 年美国和加拿大的银行数据研究发现，银行在一定程度上持有流动资产会增加银行的盈利，但大比例地持有该资产反而会削减银行的盈利能力，即银行持有流动性资产存在一个最优水平（Raddatz, 2010）。Demirguç-Kunt and Huizinga（2009）认为更依赖于非存款的批发融资会使得银行表现下降。而在危机前融资结构越脆弱的银行更容易在危机中倒下。类似地，Vazquez and Federico（2015）发现，融资越稳定，银行稳定性越高，越不容易陷入危机。Chalermchatvichien（2014）发现，*NSFR* 指标对银行的 Z-score 有显著的正向影响，但是股权集中度对该影响没有调节作用。DeYoung & Jang（2016）构造了商业银行流动性水平的部分调整模型（partial adjustment model），测算了美国商业银行最优的流动性缓冲和最优调整速度，并研究了调整速度对银行盈利水平的影响。

国内学者对巴塞尔协议Ⅲ流动性监管的理论研究主要集中在对监管框架的介绍和评价，只有少数的学者分析了其对银行操作层面的影响（钟伟和谢婷，2011），但近年来也出现了一些采用微观数据进行定量研究的文章（李明辉等，2016；潘敏等，2016；潘敏等，2017）。

理论研究方面，隋洋和白雨石（2015）认为流动性监管指标将增加银行揽储的竞争程度，提高银行对国债、央票、政策金融债的需求，抑制其放贷冲动。大型银行受流动性监管指标的影响要小于中小银行，国内银行受到的影响要小于国外银行。田娟（2014）通过比较巴塞尔协议Ⅲ具体的修订内容研究认为，我国商业银行应从夯实储蓄存款基础、审慎开展同业业务、着力推进中小微企业业务的角度加强长期流动性管理。巴曙松等（2014）介绍并总结了泛欧金融监管框架和欧盟版巴塞尔协议Ⅲ的监管标准，提出我国应实行差异化的监管标准，避免出现监管真空。胡德宝和王晓彦（2016）认为流动性监管将会对银行风险管理产生较大影响，并梳理了提高流动性监管的传导机制。

近年来国内也出现了少数流动性监管的定量分析的文献。李明辉等（2016）采用动态面板模型分别从银行负债融资成本、贷款信用风险、贷款资产收益率、其他盈利资产收益率、生息资产盈利能力和单位资产盈利水平等六个角度实证检验了巴塞尔协议Ⅲ长期流动性监管指标"净稳定融资比率"对我国商业银行的影响。潘敏等（2016）实证检验了实施 NSFR 监管要求对中国商业银行风险承担和绩效的可能影响，以及这种影响在跨区域经营的商业银行和区域性经营商业银行之间是否存在差异。潘敏等（2017）进一步研究发现我国商业银行净稳定资金比率的变化具有显著的顺周期性特征，而且这种特征主要体现为其分母项业务所需稳定资金资产组合的顺周期变化。陈颖和张祎（2017）利用美国数据进行研究发现净稳定融资比率对商业银行的利润水平会带来一定程度的负向影响。周露娜和曹前进（2017）发现 NSFR 与贷款净额、一级资产和二级资产占总资产的比重显著相关，提高 NSFR 比率会提高商业银行调整存款比重、降低经营成本的动力，但对同业拆借无显著影响。

国外学者对流动性监管的银行微观影响的研究已经比较深入，为本书的研究提供了坚实的基础。然而仅有少数中国学者结合中国银行业实际情况研究 NSFR 对银行业微观表现的影响。由于各国经济发展水平、社会制度和金融体系结构不同，研究的结论并不一致，国内对巴塞尔协议Ⅲ流动性监管的研究仍处于起步阶段，仅有的研究也局限在介绍、评价和简单的理论分析。本书将对此部分研究进行补充。

（二）流动性指标对宏观经济影响的国外文献

关于流动性监管对宏观经济变量影响，国外学者已采用了不同的宏观模型和地区样本进行了理论和实证研究。Gambacorta（2010）和 Wong et al.（2010）用误差纠正模型估计了由更高的资本和流动性标准导致的更陡峭的利率结构所造成的长期产出的减少量，但该模型的问题在于不能考虑逆周期等因素。而 Röger et al.（2010）使用加入了金融摩擦和银行部门的 DSGE 模型，校准了欧洲危机期间由更高资本和流动性标准带来的成本，考虑了逆周期的问题。Van den Heuvel（2008）、Dellas et al.（2010）、Meh and Moran（2008）等同样也使用了 DSGE 模型，但是模型仍然无法做太多的政策试验（policy-making process）。Locarno（2004）选用了半结构化模型，使用利率结构等变量涵盖这些投入产出的影响，而没有直接使用资产负债表的项目。Kauko（2015）认为由于货币派生是内生的，当 NSFR 约束了银行的贷款，会减少银行自身或其他银行的可用稳定融资 ASF，如果所有银行同时缩减贷款，那么 NSFR 监管反而更难达标。

实证研究方面，Allen et al.（2012）认为巴塞尔协议Ⅲ流动性监管虽然会在短时间内对企业的信贷可得性和经济增长产生影响，但是从长期来看，有助于控制隐藏在金融系统内的流动性风险。BCBS（2010）和 Yan et al.（2012）也得出了类似的结论。Angelini et al.（2011）发现，巴塞尔协议Ⅲ流动性监管协议会使得经济增长下滑，NSFR 每增加 1% 会使得经济产出下降 0.08%。Gambacorta（2011）采用美国 1994—2008 年的数据研究发现，对于美国经济而言，巴塞尔协议Ⅲ流动性监管协议会使得经济偏离长期稳态产出水平，新资本协议的实施会降低未来银行业危机的可能性和破坏力，而这对长期的经济增长又是非常有利的。Jayadev（2013）提出，由于 NSFR 指标给予政府债券较低的 RSF 权重，银行为了达到 NSFR 监管要求，更有动机借款给政府，这一行为可能会挤压贷款的发放，从而给经济体造成非效率。但 Angelini et al.（2015）认为巴塞尔协议Ⅲ流动性监管和资本监管带来的长期成本远低于收益，因为两个监管指标会因为降低金融危机的概率从而为社会创造价值，并且这两个指标还会降低产出的波动率。Hong et al.（2014）利用 FDIC 的标准银行报告数据计算了 LCR 和 NSFR，发现两个指标对美国危机时期的银行是否倒闭没有影响，市场流动性对这些银行的倒闭有显著影响，所以呼吁应同时对个体和系统的流动性进行监管。这与 Berrospide（2013）结论一致，并认为巴塞尔协议Ⅲ的流动性指标对预测银行个体层面的危机力度较小。

国内学者对流动性监管与宏观经济的关系问题研究非常欠缺，尚没有人研究过流动性监管的水平或变化对宏观经济、系统性风险可能产生的影响。

由文献梳理可知，国外学者对于 NSFR 宏观变量的研究已经比较深入，为流动性监管理论和实践做出了重要贡献。目前国外对巴塞尔协议Ⅲ流动性监管的宏观研究正逐步展开，利用计量工具来分析 NSFR 最低监管水平变化对银行和经济体影响的定量研究也日渐趋热。不过无论国内、国外均没有学者研究过银行根据自身特征制定的最优流动性缓冲和调整速度对银行系统性风险造成的外部性影响，本书试图填补这一空白。

（三）商业银行流动性缓冲影响因素的国内外比较

净稳定融资比率作为商业银行流动性监测的指标，其水平高低直接影响银行抵御流动性风险的能力。净稳定融资比率水平高于要求的最低水平之上的部分，被称为"流动性缓冲"。该缓冲越大，银行抵御流动性风险的能力越高。在净稳定融资比率指标诞生之前，学者们采用其他方法围绕着"银行的流动性缓冲"展开了大量的研究，主要包括：银行流动性缓冲的形成原因以及流动性缓冲是否能降低银行风险。

在流动性缓冲形成原因的解释上，国外学者们研究认为，流动性缓冲与银行的存款规模、盈利能力正相关（Bonner et al., 2015），与银行的规模

（Kashyap et al., 2002）、市场集中程度（Bonner et al., 2015）、政府的隐形与显性担保（Repullo, 2005）、经济周期负相关（Agenor et al., 2004; Aspachs et al., 2005; Delechat et al., 2012）。政府的流动性监管会使银行减少贷款的投放、增加对债券的投资（Bonner，2016）。因此，可以认为政府的流动性监管在某种程度上代替了银行的流动性管理（Bonner et al., 2015）。

国内学者对这一领域的研究比较欠缺。仅陈颖和张祎（2017）利用美国数据进行过研究发现净稳定融资比率受资本比率、资产规模、商业模型、经济增长、金融结构以及危机变量的综合影响。但是尚没有论文定量地研究过中国的流动性监管与宏观经济之间的关系，更没有论文就巴塞尔协议Ⅲ流动性监管对银行业系统性风险的外部性影响进行研究。这也是本书的意义所在。

二、巴塞尔协议Ⅲ资本监管的主要研究

自巴塞尔协议Ⅰ颁布以来，资本监管始终都是宏观审慎监管的核心。巴塞尔协议也一再强调和提高资本充足率的要求，旨在降低道德风险、违约风险和系统性风险。自巴塞尔协议颁布以来，学界和监管机构对有关资本监管是否有效的争论主要围绕两个问题：（1）资本监管是否会降低信贷发放？（2）资本监管对宏观经济运行，特别是货币政策的有效性是否有削弱作用？在这一节内容中，我们将看到资本监管类文献较为丰富，由此突显流动性监管文献的相对不足和研究的必要性。

（一）资本监管与信贷发放研究的国内外比较

Berrospide and Edge（2010）指出"资本监管是否会降低信贷发放"问题是金融研究中最为重要的课题。但是无论理论还是实证，国外的研究都尚无定论（Van Hoose, 2008; Athanasoglou et al., 2014）。

一部分学者支持"金融脆弱－挤出"效应（Berger & Bouwman, 2009），认为资本监管约束会导致银行向下调整风险加权资产，从而减少信贷发放（Gambacorta & Mistrulli, 2004；Berrospide & Edge, 2010; Cohen, 2013; Labonne & Lamé, 2014; Bridges et al., 2015; De Nicolo, 2015；Kishan & Opiela, 2000; Van den Heuvel, 2002; Meh, 2011）。这种情况对没有达标或者达标困难的银行尤为严重（Deli and Hasan, 2017）。Bayoumi and Malander's（2008）认为资本监管会提高银行的放贷标准，从而降低信贷发放的数量。Furfine（2001）则发现20世纪90年代信贷突然萎缩的原因在于巴塞尔协议资本监管的提出和实施。反对资本监管的学者认为，资本监管会导致银行进行更多的冒险行为（Koehn & Santomero，1980；Kim & Santomero，1988；Besanko & Kanatas，1996；Blum，1999）。Gorton and Winton（2000）则认为，提高资本充足率要求会降低银行的流动性供给功能。

另一部分学者支持"风险吸收"假说。他们认为，如果资本监管能够帮助银行抵御危机，更严格的资本监管将会提高整个银行部门的信贷发放水平，因为银行会更加审慎地平衡资产池，削减风险资产的配置，降低银行的违约风险。在中长期，高质量贷款会提高整个市场的信贷发放、投资和经济增长水平（Deli & Hasan, 2017）。Carlson et al.（2011）发现在2001—2009年间，资本充足率增长1%将会促使信贷增长0.05~0.2个百分点，但在危机期间就没有这种现象。

还有一部分学者认为这些或正或负的效应是有条件的（Berrospide & Edge, 2010; Gambacorta & Marques-Ibanez, 2011）。Laeven and Levine（2009）证明，不同的银行所有制下，资本监管对银行风险承担的影响是不一样的。Bekaert et al.（2007）认为金融发展程度和开放程度能调节资本监管对信贷发放的负效应。

国内学者刘斌（2005）、程凤朝和叶依常（2014）、黄宪等（2005）认为资本监管会对信贷产生负向影响。但邹宗森等（2014）的分析则表明银行资产质量与资本充足率监管并未对商业银行的信贷决策产生实质性的影响。

（二）资本监管与宏观经济研究的国内外比较

关于资本监管与货币政策有效性关系的研究，国外学者普遍认为资本监管会削弱货币政策有效性。Rubio and Carrasco-Gallego（2016）从金融加速器的角度出发，认为更严格的资本监管会降低金融加速器的作用，所以货币政策需要更加激进以抵补宏观经济的波动。Angelini et al.（2014）运用 DSGE 模型研究了资本监管与货币政策以及总产出的联动关系，他们认为应无为而治。如果不加监管框架或者货币机构和金融监管机构之间不合作，会让经济体的各代理人福利更好。关于资本监管与宏观经济运行的关系，Blum and Hellwig（1995）通过理论证明，银行资本监管会加剧宏观经济的波动，从而影响信贷发放。Van den Heuvel（2008）发现资本监管会导致社会福利每年损失 1%。但是 Admati et al.（2010）认为资本监管对银行的代价并不是很大，甚至可以忽略。Tchana（2012）也运用世代交叠模型证明，当生产力冲击足够大且人们足够风险厌恶时，资本监管会提高社会福利。Repullo and Saurina（2012）将马尔科夫过程植入经济周期模型，认为如果资本监管能够降低危机的可能性，提高资本监管力度就是正确的方针。

国内学者在这一方面的理论和实证研究都较为丰厚。王志斌和毛彦军（2013）构建一般均衡模型，研究了银行资本监管对货币政策信贷传导机制的影响。李运达和马草原（2009）向 Bernanke-Blinder 的 CC-LM 模型植入信贷风险与资本金约束，基于扩展的一般均衡框架探讨了信贷风险评估与资本金监管对货币政策有效性的影响机理。侯荣华和张洋（2010）构建了一个动态理论模型，和一个加入银行资本后的 CC-LM 模型研究银行资本与信贷、货币政策的关系。

实证方面，程凤朝和叶依常（2014）的 SVAR 模型研究表明，资本监管对 GDP 增长率的负向影响较为迅速，影响时间较长；在长期水平上，资本监管能够影响 CPI 的变动，并对产业结构产生波动性影响。胡莹和周仲伟（2010）实证发现当银行满足资本充足率和存款准备金率要求时，货币政策的银行信贷传导渠道表现出有效性；而当贷款市场中的银行不能满足资本充足率或存款准备金率要求时，货币政策的银行信贷传导渠道则表现出无效性。刘斌（2005）的研究发现资本约束对不同银行贷款的影响程度不同，特别是对于资本相对不足的商业银行，资本约束对贷款的影响程度较大。此外，从总量数据看，资本约束对贷款、产出及物价均会产生一定的影响。李涛和刘明宇（2017）的研究表明，资本充足率越高、资产规模越小和流动性比例越大的银行越易受到货币政策的冲击。

（三）新资本监管要求的讨论

还有一些学者结合巴塞尔协议Ⅲ新提出的逆周期资本缓冲进行了更深入的研究。如国外学者 Repullo and Suarez（2013）认为逆周期资本缓冲将会减缓巴塞尔Ⅱ协议所带来的顺周期资本监管问题。Drehmann and Gambacorta（2011）通过构建 CB 模型进行模拟后认为，资本监管将在信贷膨胀时期降低信贷增速，在低迷的时期减缓信贷萎缩；但该模型无法回应卢卡斯批判。Gerali et al.（2010）在该模型中加入资本缓冲因素后认为，当周期敏感的变量如利润和信贷增长处于高水平的时候，与目标资本缓冲的偏离会产生以二次幂速度增长的成本。Antipa et al.（2010）使用 DSGE 模型证明，宏观审慎政策在平滑过往信贷周期，减小衰退时的信贷萎缩方面有显著效果。但是 Rochet（2010）

对逆周期的资本监管措施持反对意见，他认为统一的逆周期的资本充足率指导会带来相反的效果，因为国别差异大，银行与银行之间的差别也很大。美联储委员 Randal Quarles（2021）在离职演讲中讲到，资本监管会削弱银行向实体经济提供信贷的能力，从而影响社会工作机会和生活质量，所以政策制定者要做的是在实施巴塞尔协议Ⅲ改革的时候，尽量确保调整资本框架的时候不会过度提高全银行系统的总资本水平。

当巴塞尔协议Ⅲ提出的流动性监管越来越受到人们关注的同时，已有一部分学者开始研究银行的流动性水平与资本监管效率之间的关系。2008 年国际金融危机中，资本充足率水平已经不足以解释大幅的信贷收缩的问题（Kim & Sohn，2017）。Gambacorta and Marques-Ibanez（2011）和 Cornett et al.（2011）的研究认为，资本充足率是导致金融危机的重要因素，但不是决定性因素。银行流动性监管与资本监管水平不同的银行抵御资本监管对信贷发放产生的负效应的能力不同（Jimenez et al., 2012; Delis, 2012）。Kim and Sohn（2017）在"金融脆弱－挤出"假说和"风险吸收"假说间进行了实证检验，发现只有当银行不具有充足流动性时，提高资本充足率才不能提高信贷发放，"脆弱－挤出"假说成立；而当大银行持有足够的流动性资产，资本家愿意投资，此时资本水平越高，信贷发放越多，"风险吸收"假说成立。

国内学者陆静（2011）在研究了欧洲、美国、印度和中国银行业的资本充足率后发现，虽然短期内，国际上的银行能够满足巴塞尔协议Ⅲ的资本要求，但长期来看，各银行资本缺口很大，为弥补资本缺口，银行将不可避免地增加成本，而这又会进一步导致信贷的增速和经济增长的放缓。所以，商业银行应采取必要措施提高资本效率、改善流动性水平和提高资产管理能力、重构资产负债表和调整经营模式，以减少巴塞尔协议Ⅲ新协议的实施对银行可能产生的负面冲击。许坤和苏扬（2016）发现，逆周期资本监管政策的实施，不仅提高了监管压力较大的银行的信贷增长，还降低了监管压力较大的银行的信贷风险，说明逆周期资本监管政策的操作效果显著。

资本监管史告诉我们，学界对于资本监管的有效性、最优监管水平等的讨论已经进行了 30 年之久，理论和实证成果较为丰厚。Kahane（1977）、Koehn and Santomero（1980）、Lam and Chen（1985）、Kim and Santomero（1988）、Flannery（1989）、Genotte and Pyle（1991）、Rochet（1992）、Besanko andKatanas（1996）、Blum（1999）、Alexander and Baptista（2001）等学者认为，资本充足率要求不会阻止商业银行冒险，因此也不能完全阻止银行倒闭。相比之下仍相当欠缺的流动性监管研究对银行业监管具有重要作用。且流动性监管在一定程度上已经包含了资本监管，没有流动性的保障，资本监管的有效性将大打折扣（Kim & Sohn, 2017）。所以，本书的重点将放在流动性监管之上，对资本监管仅进行主要文献的归纳，正文对相同问题也仅作补充说明。

第二节 影子银行的界定、发展与驱动因素

虽然影子银行早在 1970 年代就已经出现，但真正受到学界和业界的广泛关注则是在 2008 年国际金融危机以后。目前的研究也主要集中在影子银行的定义、驱动因素以及风险形成机制三个角度。且中国金融发达程度较低，银子银行的范围与定义与国外影子银行有明显区别。因此，本书的文献综述从国内外影子银行比较、影子银行的驱动因素两个角度展开。

一、影子银行界定的国内外比较

关于国外影子银行的定义，一般认为，自第二次世界大战结束特别是 20 世纪 70 年代以来，由货币政策目标与金融监管框架之间的不一致性所引发的金融创新以及机构投资者对安全性资产的超额需求共同推动了影子银行体系在美国的迅速发展（王达，2014）。国外学界和业界对于影子银行一直没有严格定义，直到 2007 年，影子银行的概念才首次由美国太平洋投资管理公司执行董事 McCulley 在美联储年度会议上提出。之所以称为"影子银行"，主要是指其虽然具有信贷创造的功能，但是相对于传统金融机构而言，监管程度低甚至不受监管。金融稳定理事会 FSB（2011）将影子银行宽泛地定义为"常规银行系统之外的从事信用中介的实体或者活动"。

根据穆迪（2013）、金融稳定理事会 FSB（2012）的研究，美国的影子银行体系以每年 5% 的速度稳步增长，截至 2012 年，其规模约占全球 35%，与美国名义 GDP 的比值高达 152%。FSB 在 2013 年发布的《全球影子银行监测报告》则指出美国和欧洲的影子银行体系最为发达。影子银行是存在于监管体系之外的与商业银行相对应的金融机构与信用中介（McCully，2007），其持有证券化资产 ABS、担保债务凭证 CDO 等复杂衍生金融工具，将资产打包、分层、出表，具有信用转换、期限转化和流动性转化的职能（Poszar et al.，2011）。

中国的影子银行体系虽出现较晚，但发展速度极快。与欧美影子银行一样，中国的影子银行也呈现出以类信贷业务为主、与银行业务密切相关等信用中介的特征，但与欧美影子银行相比，复杂程度相对较低（颜永嘉，2014）。因此，有部分学者认为，由于缺乏实质性的证券化过程以及发达的衍生品市场，中国式影子银行仍不是真正意义上的影子银行（李波、伍戈，

2011），具有对传统银行业务相互替代与相互依附的特征（袁增霆，2011）。刘煜辉（2013）直接将中国式影子银行定义为区别于正规信贷业务的其他债务融资方式，是银行在信贷额度配给、监管约束以及地方融资平台债务清理等宏观调控措施下，为地方政府、房地产项目等融资的非信贷的方式。虽然中国影子银行构成复杂，包括银行理财、信托、小额贷款和民间借贷等，但大量政府智库报告以及学者研究都发现，中国影子银行的资金主要来源于传统商业银行，而银行理财产品是中国影子银行体系中最主要的组成成分，是规避信贷管制而产生的（李波、伍戈，2011；王淳力、李建军，2013），值得高度关注。

不难看出，欧美影子银行更侧重于金融创新，核心是"证券化"；而中国的影子银行则是监管趋严背景下政策套利的产物，资金来源于传统商业银行，以理财产品为最主要的组成成分。

二、影子银行驱动因素的国内外比较

虽然国外影子银行与我国的影子银行有着很大的区别，但其发展的驱动因素依然具有参考价值。以下将首先梳理国外影子银行发展的驱动因素，然后整理我国影子银行驱动因素的相关观点。

一部分学者认为金融抑制是国外影子银行产生的原因，如利率管制和资本市场不发达（王达，2012；张田 2012）。陆晓明（2014）结合美国金融历史梳理了美国影子银行发展的驱动因素，认为大萧条之后的金融抑制是影子银行发展的重要原因；但此后政府主导的金融创新提高了资产的流动性，使银行实现了平稳脱媒。而 1980 年代之后的监管放松和金融创新深化促使美国影子银行高速发展（Nersisyan & Wray, 2010）。

另一部分学者认为，低利率甚至负利率也是国外影子银行产生的重要原因，机构投资者的可投资现金远远超过了短期政府债券和其他安全投资品种的供给（Greenwood et al., 2012; Pozsar, 2011）。Verona et al.（2011）以 2008 年国际金融危机为背景，构建了一个包含微型影子银行部门的 DSGE 模型，以回答美联储长时间的低利率政策是否会引发繁荣萧条，结果发现当面临不正当的激励措施时，影子银行部门内的金融中介机构甚至会将资金挪为己用。

但更多的学者则认为，影子银行产生的重要原因是监管套利[①]（Pozsar et al., 2011；Schwarcz, 2012）。这一点得到了国外和国内学界的普遍认同。由于监管者和金融机构之间存在信息不对称，监管者无法时刻监测银行的行为，再加上监管制度的制定具有时滞性，使得在一段时间内无法避免监管套利行为。银行将信贷资产通过分级打包的方式由表内转移到表外，以此规避监管限制（Pozsar et al., 2011）；与此同时，宽松的监管使得诸多非银行金融机构介入其中。Ordonez（2015）认为传统银行业出于监管和维护其声誉的原因，往往会对其投资组合和过度冒险行为进行限制，有时甚至会因此放弃一些优越的投资机会；但同时也会使用影子银行来避免政府监管并实施更有效的投资。Plantin（2014）认为紧缩的资本要求可能会引起影子银行业务的激增，从而导致正规银行和影子银行的整体风险更大。

中国影子银行的诞生与 2009 年的"四万亿"刺激计划有着直接的联系（Chen et al., 2016），最初是以城投债以及地方融资平台等形式出现在公众视野当中（Hachem & Song, 2016）。虽然其本身暗藏着风险和杠杆，但也促进了

---

① 所谓监管套利（Regulatory Arbitrage）是由于监管、法律制度不同或信息不对称所导致的交易主体潜在的经济行为不能被有效监督，为减少成本或捕获盈利机会所设计的一系列金融交易，其为高昂的法律成本的副产品。对于市场而言，监管即为税收的一种形式——监管税收，而市场参与者存在规避或最小化税收的动机，由此引发监管套利。

中国的金融市场现代化，推动了利率市场化以及存款保险制度的诞生，催生了快速发展的国内银行间市场，并直接降低了实体经济对商业银行的依赖程度（Chen et al., 2017）。也有学者认为利率管制是中国理财产品发展的原因。Acharya et al.（2016）认为人们对比存款利率更高的资产需求的上升导致了理财产品的发展，并推高了理财产品的回报率。

中国影子银行之所以能够飞速发展，主要还是中国对于金融业的监管不断趋严所致。中国的影子银行是一种典型的政策套利产物，大量资金流入地方融资平台，挤占了中小企业的可贷资金。结果推高了中小企业的融资成本，资金错配的情况日益加剧（Song, 2015）。裘翔、周强龙（2014）在 DNK-DSGE 框架下引入了包含影子银行的金融中介部门，将影子银行视为商业银行信贷投放体系在高风险领域的延伸，并探究了该中介体系对于货币政策传导有效性的影响。Hachem & Song（2016）通过构建一个基于贷款综合交易的数据集，发现中国影子银行与传统银行系统之间有着千丝万缕的联系，国内银行倾向于从事高风险的委托贷款业务，中小银行利用影子银行进行委托贷款，进而掩盖其资产负债表风险暴露的程度，并且所有银行都存在将高风险业务转移到资产负债表外逃避监管的行为。

同时，国内外都有学者认为信息不对称是引起影子银行风险增加的重要原因（Schwarcz, 2012；Baily et al., 2008；Keys et al., 2010；Gennaioli et al., 2011；Reiss, 2012；李建军、薛莹, 2014）。Adrian and Ashcraft（2012）指出，资产证券化在市场中产生的最重要的摩擦便是投资者和发行人之间关于产品的信息不对称，缺乏政府背书的流动性和信贷导致影子银行存在天然的脆弱性。许多影子银行活动与核心监管机构（如银行控股公司和保险公司）的运作交织在一起，从而成为金融系统性风险的来源，并且这种风险会因为信息的不对称性而加强。投资者过于依赖信用评级机构时，发行人会更有激励将不透明的且存在风险的应收款项打包分析，提升证券化资产的评级（Ashcraft et al., 2011）。Wagner（2008）通过构建理论模型发现，商业银行的管理者会利用金融衍生品来规避监管，并且金融衍生品的使用会降低商业银行的透明度。不仅如此，打包后的证券化资产信息不对称还会导致流动性错配等风险感知滞后（Keys et al., 2010）。

在我国，信息不对称导致风险增加的这一现象更加严重。从流动性风险的角度来看，理财产品一般期限较短，然而标的投资项目的期限都比较长。这样的活动使金融市场出现流动性错配，一旦资金链断裂就会引发流动性危机。监管缺位、资金运转流向不透明大大提高了中国影子银行的风险（Song, 2015）。理财资金配置中相当部分基础资产都呈现了低透明度、低流动性、高风险的特征，尤其是非标资产投资和对接资本市场投资，具体资金投向、真实风险水平难以评估（廖岷和郭晓夏，2017）。李建军和薛莹（2014）认为信托公司部门是主要的风险源，银行部门是系统性风险最主要的承担者，观测期内影子银行部门系统性风险整体呈现上升趋势，而降低影子银行风险的重要解决办法之一就是提高影子银行的透明度。

据此本书认为，国外影子银行的发展与中国影子银行的发展存在显著差异，但是究其动因都离不开监管套利。中国影子银行是以商业银行理财产品为主体，是监管趋严背景下监管套利的产物，由于自身的高度不透明性，在监管体系外积累了大量的风险。然而囿于数据的可获得性，目前国内学者对于影子银行的研究主要集中于规模的估算（王浡力和李建军，2013；吕健，2014；孙国峰和贾君怡，2015），实证研究切入点更多在委托贷款、信托，而很少涉及理财产品层面。对于影子银行的研究则只能通过建模，缺少实证研究的支撑。本书则试图在该方面做出一些贡献，构建银行理财产品供给 – 需求的均衡模型，得到银行透明度能够缓解过度理财产品风险承担行为但不一定会抑制理财产品业务发展这一理论结果。最后本书还对这一理论结果进行了实证检验。

第三节　本章小结

通过对以上文献的整理可知，由于资本监管推出时间久，国内外的文献积累均较为丰富。但针对巴塞尔协议Ⅲ流动性监管的文献总体欠缺。并且由于各国经济发展水平、社会制度和金融体系结构不同，对巴塞尔协议Ⅲ的研究结论并不一致。国内对巴塞尔协议Ⅲ流动性监管的研究仍处于起步阶段，仅有的研究局限在介绍、评价和简单的理论分析等方面，利用微观数据来定量分析流动性指标（NSFR）影响中国传统商业银行信用风险及风险抵御能力的研究较少；也没有学者考虑过中国商业银行设置过高的流动性水平的驱动因素是什么；更没有学者研究过商业银行在应监管要求调整监管指标的时候对系统性风险究竟会产生什么影响。由于巴塞尔协议Ⅲ流动性监管于近几年开始逐步实施，中央对金融业的系统性风险防控也愈发重视，监管当局对中国商业银行的要求也要高于国际水平，而且根植于传统商业银行的影子银行系统出现爆炸式生长态势。但由于缺乏公开集合的数据，对于监管套利和影子银行的研究几乎为零。这些均为本书力图填补的空白。

第三章　巴塞尔协议Ⅲ净稳定融资比率 *NSFR* 对传统商业银行风险的微观影响研究

　　自巴塞尔协议Ⅲ颁布以来，除了更严格的资本充足率要求外，全球商业银行都面临着一项新的挑战：调整资产负债表以应对流动性监管的新要求。无论是学界还是业界都希望厘清巴塞尔协议Ⅲ新指标的实施对商业银行微观层面会产生怎样的影响。本章收集了中国银行业的微观数据，分别从银行负债融资成本、贷款信用风险、贷款资产收益率、其他盈利资产收益率、生息资产盈利能力和单位资产盈利水平等角度研究巴塞尔协议Ⅲ长期监管指标——净稳定融资比率（*NSFR*）对我国商业银行的影响。与以往文献不同，本书的贡献有如下几点：首先，本书首次运用定量的方法来研究巴塞尔协议Ⅲ长期监管指标对我国商业银行各方面的影响，突破了以往定性研究的局限；其次，从样本选取来看，相较于以往文献仅采用十几家大中型银行的数据而言，本书选用样本涵盖范围较广，包含了5大国有银行、11家全国性股份制银行、86家地方性商业银行共102家商业银行的最新数据，因而研究结论具有较强的代表性；最后，对文中各实证结果，本书采用了尽可能多的实证模型来对实证结果进行检验，以增强实证结论的稳健性。

　　本章首先对全球商业银行的巴塞尔协议Ⅲ各监管指标的达标情况进行归纳和介绍，重点展现流动性监管自实施以来的发展状况。其次将流动性监管指标对商业银行的影响机制进行梳理并提出相关假设。最后对假设进行实证检验和稳健性检验，得出相应结论。

第一节　全球商业银行净稳定融资比率概况介绍

巴塞尔协议Ⅲ流动性监管提出之前，全球尤其是欧洲各国的商业银行流动性水平堪忧，这也是 2007 年金融危机爆发后，危机在欧洲传染和发酵的重要原因。Dietrich et al.（2014）首先计算了 2010 年以法国、奥地利、比利时、瑞士、德国、卢森堡和荷兰为代表的西欧国家各商业银行的 NSFR 水平，均未达标。他们还计算了自 1996 年至 2010 年西欧各国不同资产规模的商业银行的 NSFR 水平变动趋势。2000 亿欧元以上规模的银行 NSFR 始终低于 100% 水平，2007 至 2008 年期间除了 50 亿规模以下的银行以外 NSFR 水平均大幅下降。King（2013）计算了奥地利、法国、德国、意大利、墨西哥、荷兰、西班牙、瑞士、英国、中国香港、日本、韩国、智利、加拿大和美国这 15 个较有代表性的国家和地区商业银行 2009 年的 NSFR。数据显示，欧洲各国全部没有达标；亚洲样本均达标，中国香港、日本的水平最高；美国 NSFR 水平为 1.11。

巴塞尔委员会自 2010 年提出流动性监管以来，每半年会发布一份基于全球 200 多家代表性银行情况的监管报告，将核心资本高于 30 亿的银行划分为第一组，其余的划为第二组，系统重要性银行均落在第一组。2011 年监管报告指出，代表性银行里有 46% 达标，两组的 NSFR 平均值为 94%；有四分之三的银行平均值在 85% 以上，平均来说仍然没有达标。2012 年 6 月第一组银行的 NSFR 平均水平为 99%，而第二组却从 2011 年的 100% 降至 99%。到了 2013 年，第一组银行的平均 NSFR 已升至 111%，第二组升至 112%，78% 的银行达到甚至超过了 100% 的要求。到了 2016 年底，第一组银行 *NSFR* 稳定在 116% 左右，第二组达到 114%，系统重要性银行的 *NSFR* 平均达到 117%。

　　由于巴塞尔委员会规定 2012 年以前为流动性监管的过渡期，故其之后发布的报告均仅展示 2013 年以后的指标变化。从图 3-1 可以看出，自 2013 年以来，全球代表性银行的平均 *NSFR* 水平逐年提高，平均水平均高于 100% 的监管要求。这主要体现在逐年更快提高或更慢减少的可用稳定融资 *ASF*。这说明全球的银行都认识到了流动性的重要性，并积极地调整资产负债结构以落实和满足新的宏观审慎监管要求。

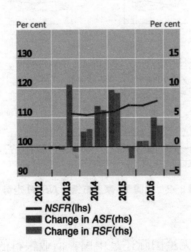

图 3-1　全球代表性银行 *NSFR* 及其成分的走势

数据来源：BCBS 年报（2017）

　　本书计算了中国商业银行的 *NSFR* 水平，并将 16 家上市银行的 *NSFR* 逐年变动情况制图（图 3-2）。从已有的公开数据来看：（1）除平安银行在 2011 年前后受合并深圳发展银行的影响，净稳定融资比率水平异常外，其余 15 家商业银行净稳定融资比率实际值（$NSFR_{i,t}$）均要高于巴塞尔委员会和（原）银监会要求的 100% 水平。（2）由于各商业银行净稳定融资比率实际值均高于要求的最低 100% 水平，所以净稳定融资比率缺口（$NSFR_{i,t}^{Gap}$）均为负。这说明我国商业银行均不存在 *NSFR* 达标率的压力。

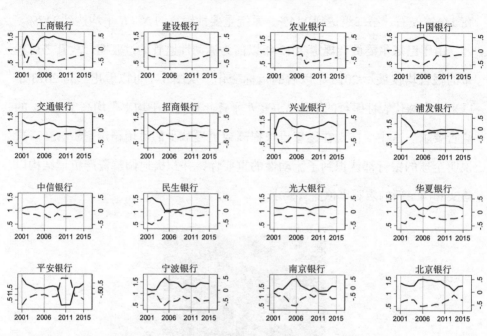

图 3–2　我国 16 家上市银行 *NSFR* 走势

数据来源：作者计算，2017

从以上分析来看，无论国际还是中国，商业银行的 *NSFR* 水平均在 2008 年危机期间呈现下降趋势。但是西欧国家的 *NSFR* 原始水平较低，是 2008 年危机传播和发酵的重要因素，而中国的流动性长期保持在要求之上。所以，虽然西方国家的研究已经较为深入，但中国的 *NSFR* 压力没有西方国家大，情况比较特殊，不可以用以往的研究直接套入。那么，中国版巴塞尔协议Ⅲ流动性监管对中国商业银行的资产负债表结构会产生何种影响？这些影响又会如何进一步影响银行的风险抵御能力（成本、盈利）和信用风险？本书第二节将对这两个问题的回答提出假设，并在第三节进行实证检验。

第二节　假设检验与计量模型设计

一、研究假设

本书根据现有研究成果结合理论层面的分析认为，净稳定融资比率（*NSFR*）的达标要求会通过多种途径影响银行的盈利、风险和传统业务盈利水平，影响渠道如图 3-3 所示。

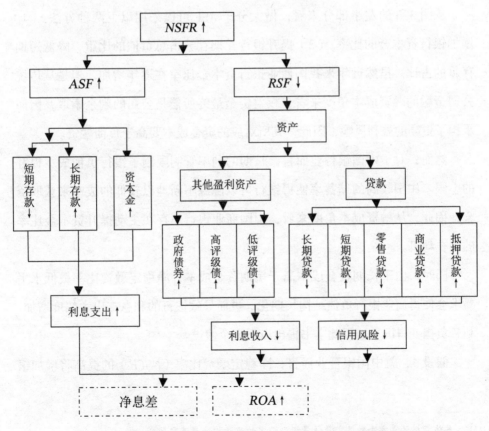

图 3-3　净稳定融资比率对银行融资成本、信用风险和盈利的影响机制

多数学者研究认为：巴塞尔协议Ⅲ的净稳定融资比率要求将迫使银行增加可用稳定资金（*ASF*，Available Stable Funding），商业银行将通过增加长期存款和减少短期存款来提升银行负债融资的稳定性（King, 2013；Harle et al., 2010）。隋洋和白雨石（2015）认为商业银行会通过增加中小企业和个人存款比例，降低对同业存款的依赖来提升可用稳定资金水平。

本书通过分析净稳定融资比率（*NSFR*）指标的构成认为：商业银行可通过增加可用资金的稳定性来做大净稳定融资比率的分子——可用稳定资金，或者通过增加资产的流动性来降低净稳定融资比率的分母——所需稳定资金（*RSF*，Required Stable Funding）[①]，具体如图3-3所示。

从图3-3的左半部分来看，做大分子ASF可以采用以下两种方法：（1）增加银行资本金的比率；（2）提升银行长期存款占总负债的比重，降低短期存款的占比。虽然近年来我国商业银行资本金比率在逐年增加，但是从传统公司金融的融资成本角度来看，权益资金最终所偿是公司的剩余索取，因而承担了更高的盈利风险，因此，其所对应的资金成本要高于负债融资。

然而，对于中国银行业而言，长期的利率管制限制了银行负债成本提升的上限。中国较高的储蓄率使得银行可以源源不断地以较低的成本来获取资金，因此，从融资成本角度来看，中国商业银行不存在主动提升资本金比率的内在动机。

同时，由于长期资金成本高于短期资金成本，净稳定融资比率最低水平要求会使得商业银行负债结构长期化，进而导致银行的利息支出大幅度增加，利息负担变得沉重。因此本书提出以下五个假设。

假设1：就中国银行业而言，净稳定融资比率（*NSFR*）的提高将增加银

---

① 具体指标计算方法参见文章计量模型设定的变量构造与选取部分。

行的负债融资成本（Fund_Cost）。

巴塞尔协议Ⅲ的净稳定融资比率对商业银行的利息收益率影响分析如图3-3右半部分所示。降低 RSF 可以通过以下两个途径：（1）调整贷款结构，降低贷款的整体期限；（2）增加其他盈利资产中信用级别高、流动性好的资产比例。具体而言：用提升短期贷款的比例、降低长期贷款比例的方法来降低贷款的平均期限，用商业贷款和抵押贷款来替代零售贷款，以获取违约成本低、信用级别高的贷款，而这些调整都会在某种程度上降低银行贷款资产的信用风险和收益率水平。同时，用政府债券等其他高评级债券来替代低评级债会降低其他盈利资产的收益率水平。

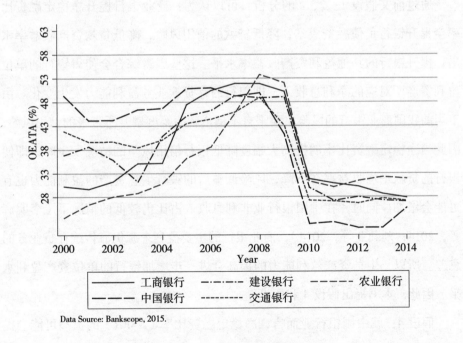

Data Source: Bankscope, 2015.

图3-4 五大国有商业银行其他盈利资产占总资产的比重

然而，对于中国银行业而言，从五大国有商业银行其他营利资产占总资产比重来看（如图3-4所示），2008年全球金融危机后，中国的信贷扩张政策，使得商业银行盈利资产结构中信贷资产大幅度增加，非信贷盈利资产占总资产比重大幅度降低。在信贷资产的收益率普遍高于其他盈利资产收益率的情况下，商业银行会将更多的资金配置到高收益的信贷资产上，过高的配置又会降低信贷资产的平均收益率水平，提升其他营利资产平均收益率水平。因此，本书提出假设2和假设3。

假设2： 就中国银行业而言，净稳定融资比率（$NSFR$）的提高会降低银行贷款的信用风险（$NCOs$）。

假设3： 就中国银行业而言，净稳定融资比率（$NSFR$）的提高会降低银行贷款资产的收益率（$IIGL$），提高其他盈利资产的收益率（OII_OEA）。

通过前文假设1、2、3的分析，可以认为：商业银行提升净稳定融资比率会提升银行负债融资成本，降低贷款的信用风险，降低贷款资产收益率水平，提升银行的其他盈利资产收益率水平。这些因素综合会使得银行的单位盈利资产所对应的净利息收入，即银行的存贷款业务盈利能力发生变化。由于当前我国商业银行的风险主要来自不良贷款大幅度攀升所带来的信用风险，因此当净稳定融资比率的提高大幅度降低银行信用风险的情况发生时，即便银行的贷款平均收益率在下降，风险调整后的银行生息资产的盈利能力也有可能会增加。同时，在中国银行业非利息收入占比仍较低的情况下（李明辉等，2014；刘莉亚等，2014），商业银行的主要盈利来源仍靠传统存贷业务的息差。所以，生息资产盈利能力的提高会进一步增加银行的单位资产盈利水平。因此，本书提出假设4和假设5。

假设4： 就中国银行业而言，净稳定融资比率（$NSFR$）的提高可能会提升银行的生息资产的盈利能力（NIM）。

假设5： 就中国银行业而言，净稳定融资比率（$NSFR$）的提高会提升银行的单位资产盈利水平（ROA）。

二、样本选取

本书实证研究所需的财务数据均来源于 Bankscope 数据库 2000—2014 年的 200 多家观测样本。根据研究的需要，本书剔除了非银行金融机构、政策性银行、外资银行以及商业银行中部分 80% 财务数据缺失的观测样本，最终选取了 102 家商业银行。宏观经济数据如 GDP 增长率等来源于国家统计局。

三、计量模型的设定及估计方法说明

在模型设定上，本书考虑到了如下问题：

首先，本书研究的银行盈利和净息差（Athanasoglou et al., 2008; Berger et al., 2000; Goddard et al., 2011; 李明辉等，2014）以及风险（Delis & Kouretas, 2011; 李明辉等，2014）均具有持续性特征，因此，本书实证研究不宜采用静态模型，故采用动态模型。

其次，虽然（原）银监会对商业银行的净稳定融资比率有最低要求，但是各商业银行仍然会根据自身所面临的风险和经营状况提取部分超过（原）银监会规定的比率，因而可以认为净稳定资金比率并非外生，故需考虑净稳定融资与盈利、净息差和风险的逆向因果关系。

再次，回归模型中采用的各代理变量在观测时易产生各种测量误差，可能会导致内生性问题。

综上，本书将采用动态面板模型以解决上述的理论和技术层面遇到的种种问题（Woodridge, 2002; 李明辉等，2014）。

结合前文提出的研究假设，本书分别给出如下可供检验的计量模型：

$$FC_{it} = \alpha_0 + \alpha_1 FC_{it-1} + \alpha_2 NSFR_{it} + \sum_{j=3}^{J} \alpha_j \Pi^1_{jit-1} + u_i + \varepsilon_{it}, \quad \forall i,t \qquad (1)$$

$$Risk_{it} = \beta_0 + \beta_1 Risk_{it-1} + \beta_2 NSFR_{it} + \sum_{j=3}^{J} \beta_j \Pi_{jit-1}^2 + v_i + \theta_{it}, \quad \forall i,t \qquad (2)$$

$$Profit_{it} = \gamma_0 + \gamma_1 Profit_{it-1} + \gamma_2 NSFR_{it} + \sum_{j=3}^{J} \gamma_j \Pi_{jit-1}^3 + w_i + \eta_{it}, \quad \forall i,t \qquad (3)$$

其中，i、t 表示第 i 家银行第 t 年的观测值，i=1, 2,…, N，t=2000~2014。$FC_{i,t}$、$Risk_{i,t}$ 分别表示银行融资成本和贷款信用风险，$Profit_{i,t}$ 代表盈利水平，可以是银行贷款资产收益率水平、其他盈利资产收益率水平、银行传统业务盈利能力和单位资产盈利能力。$\Pi_{i,t}$ 为控制变量；u_i、v_i、w_i 代表银行不随时间变化的个体异质性（heterogeneity）；ε_{it}、θ_{it}、η_{it} 为扰动项。

在估计方法的选择上，本书主要采用系统广义矩估计方法（System GMM）对模型进行参数估计。考虑到线性动态面板数据模型两步估计（Two Step GMM）中标准误的有限样本偏误问题，本书将采用 Windmeijer（2005）的方法来对标准误进行调整。

模型中各变量的选取与计算方法如下：

1. 净稳定融资比率（NSFR）

净稳定融资比率的数学表达式为：$NSFR=ASF/RSF$，其中 ASF 表示银行可用的各项稳定资金来源，RSF 表示银行发展各类资产业务所需要的稳定资金水平。ASF 与 RSF 中各负债、权益、资产项目所对应的系数由巴塞尔委员会来确定，巴塞尔委员会在 2009 年征求意见稿 BCBS（2009）、2010 年正式定稿 BCBS（2010）和 2014 年修订稿 BCBS（2014）中就 $NSFR$ 的系数分别做出过三次调整。不同的学者基于不同的 $NSFR$ 版本和各自的数据库特征，均对各明细科目和权重做了一定程度的调整，如 Hong et al.（2014）利用美国芝加哥联储的数据分别计算了 BCBS（2010）和 BCBS（2014）两本版本的 $NSFR$，而 Distinguin et al.（2013）依据 BCBS（2009）计算 $NSFR$，Ötker-

Robe & Pazarbasioglu（2010）、Dietrich et al.（2014）采用的均是 BCBS（2010）版本。经过分析比较，本书主要参考 Vazquez & Federico（2012）、Kapan & Minoiu（2013）的方法，定义如附录 A 所示。

2. 被解释变量

（1）融资成本（*Fund_Cost*）。本书选用存款利息支出/平均付息负债作为商业银行融资成本的代理变量。存款作为商业银行最主要的融资渠道，其利息率的大小能够较准确地反映自身的融资能力。

（2）银行信用风险（*NCOs*）：本书采用净呆账贷款率作为银行信用风险的代理指标。当前我国不良贷款定义仍然采用正常、关注、次级、可疑、损失五级分类的管理方法，其中不良贷款指后三种，故不良贷款率=（次级贷款＋可疑贷款＋损失贷款）/总贷款。虽然随着我国监管政策的不断完善，商业银行操作不良贷款数据存在很大的合规、监管和声誉风险，但是当前国内外学者对中国银行业的实际不良贷款率的真实水平仍然存有疑虑，认为银行实际不良贷款率远高于披露水平，商业银行存在掩盖不良贷款的嫌疑。为此，本书采用净呆账贷款率来反映银行不良贷款水平的高低，计算公式为：（毛呆账贷款－呆账核销）/总贷款，其中呆账贷款是指逾期超过三年的，可以全额计提坏账的贷款。

（3）贷款资产收益率（*IIGL*）和其他盈利资产收益率（*OII_OEA*）：本书选取贷款利息收入/总贷款和其他利息收入/其他盈利资产作为这两个指标的代理指标。

（4）银行生息资产盈利水平（*NIM*）：选用（利息收入－利息费用）/总生息资产作为银行生息资产盈利水平的代理指标。

（5）银行盈利水平（*ROA*）：用资产回报率作为银行单位资产盈利水平的度量指标。

3. 控制变量的选取

借鉴李明辉等（2014）、刘莉亚等（2014）、King（2013）、Dietrich et al.（2014）等的研究成果，本书采用了如下银行层面控制变量：银行规模（*LNTA*）、贷款规模（*LNLO*）、资本充足率（*CAR*）和人事费用（*OVTA*）、隐含利息支付（*IIP*）、银行信用风险（*NCOs*）、非利息业务水平（*NII*）。另外，为控制宏观经济因素对被解释变量产生的影响，本书选取了 GDP 增速（*GGDP*）、同业拆借利差（*YieldCur*）作为宏观经济控制变量。各变量的定义方法参见表 3–1。

第三节　实证回归结果及分析

一、主要变量的描述性统计

表 3–1　变量的描述性统计及计算方法

变量名	含义	均值	标准差	最小值	最大值	N	计算方法
NSFR	净稳定融资比率	1.30	0.34	0.56	2.60	993	详见附录A
Fund_Cost	融资成本	2.70	2.50	1.00	25.00	923	存款利息支出/平均付息负债
ROA	资产回报率	2.20	6.70	0.04	53.00	993	息税前收益/总资产
NIM	净息差	3.80	4.50	1.10	45.00	991	（利息收入–利息支出）/总生息资产
IIGL	贷款资产收益率	6.10	1.60	2.50	13.00	846	贷款利息收入/总贷款

续表

变量名	含义	均值	标准差	最小值	最大值	N	计算方法
OII_OEA	其他盈利资产收益率	6.00	7.80	0.01	45.00	980	其他利息收入/其他盈利资产
NCOs	银行信用风险	1.20	7.80	−0.23	75.00	716	（毛呆账贷款−呆账核销）/总贷款
CAR	资本结构	13.00	6.40	3.20	55.00	993	资本金/风险加权资产
LNTA	银行规模	7.60	2.00	4.20	13.00	993	总资产自然对数
NII	非利息业务水平	13.00	12.00	−2.70	55.00	991	非利息收入/运营收入
OVTA	人事费用	1.00	0.37	0.04	2.50	992	日常管理费用/总资产
LNLO	贷款规模	6.80	1.80	3.20	12.00	993	总贷款自然对数
IIP	隐含利息支付	0.39	0.52	−0.86	2.20	992	（剔除人事费用的其他运营费用−其他运营收入）/总资产
GGDP	GDP增速	9.90	2.00	7.70	14.00	15	国家统计局GDP指数
YieldCur	同业拆借利差	0.50	0.84	−0.86	1.80	15	一个月的同业拆借利率与基准利率差

注：净稳定融资比率单位为 1，其他各相对值指标以 % 为单位。各变量的定义可参照计量模型设定部分。

表 3-1 为本书主要实证变量的描述性统计。从表 3-1 可知，当前我国各商业银行净稳定融资比率 NSFR 水平不一，最小值约为 0.56，而最大值达到 2.6。平均来看，净稳定融资比率达 1.3，超过（原）银监会和巴塞尔协议 Ⅲ 规定的不低于 1 的水平。就银行负债的融资成本来看，最高值为 25%，而最低值约为 1%，这表明了我国各商业银行负债融资成本差别巨大，部分银行负债融资成本非常高。贷款资产收益率最高值为 13%，最低值约为 2.5%，说明样本期内有些银行信用风险过高，不良的冲销使得贷款资产收益率偏低。用于衡量银行其他资产盈利水平的指标最大值为 0.45，最小值为 0.01，表明我国各商业银行其他盈利资产差别巨大。

二、实证回归结果及分析

（一）净稳定融资比率（NSFR）与银行负债融资成本（Fund_Cost）

净稳定融资比率对银行负债融资成本的实证结果如表 3-2 所示。其中，模型（2）为动态面板数据的一阶差分估计结果，模型（3）为动态面板数据的系统广义矩估计结果。为验证模型（2）和模型（3）估计结果的合理性。本书分别给出了最小二乘估计量和固定效应模型估计量的结果，列示如模型（1）和模型（4）。

从表 3-2 中 GMM 估计选取的工具变量过度识别检验结果来看，Sargan 检验的 P 值（P-Sargan）为 1，即不能拒绝工具变量不存在过度识别的原假设，模型工具变量选取较为合理。从表 3-2 中残差项的一阶和二阶的序列相关检验估计的 P 值 P-AR（1）和 P-AR（2）来看，模型滞后阶数选取较为合适，模型设置不存在二阶序列相关的问题。上述结果说明实证模型的设置符合广义矩估计模型的设置要求。

从模型（3）系统广义矩估计被解释变量滞后一阶（L.Fund_Cost）的系数估计值来看，系数值介于普通最小二乘模型（OLS）和固定效应模型（FE）估计值的范围内，从而说明模型估计结果较为合理。

通过比较模型（2）和（3）中解释变量 NSFR 的估计系数，可以发现净稳定融资比率对银行负债融资成本的影响在不同估计方法下的估计结果相同。模型（2）中，NSFR 的估计系数为 2.025，在模型（3）中，系数为 1.684，且均在 1% 的显著性水平下显著，NSFR 每增加 1% 会使得商业银行负债融资成本增加 1.68 个 bp，比 Dietrich et al.（2014）基于西欧银行回归得出的系数 0.86 个 bp 高出近一倍的水平，说明 NSFR 流动性监测指标给中国银行业带来的负债融资成本的增加要远高于西欧国家的水平。上述实证结果十分稳健地验证了本书提出的假设 1：对于中国银行业而言，提高净稳定融资比率（*NSFR*）将增加商业银行的负债融资成本（*Fund_Cost*），进而降低银行的风险抵御能力。

表 3-2 净稳定融资比率（*NSFR*）对银行负债融资成本（*Fund_Cost*）的影响

	（1）	（2）	（3）	（4）
	OLS	DIFGMM	SYSGMMM	FE
L.Fund_Cost	0.457	0.243***	0.196***	0.169***
	（1.51）	（30.59）	（17.61）	（6.31）
NSFR	**0.800****	**2.025*****	**1.684*****	**1.530*****
	（2.25）	**（30.73）**	**（42.41）**	**（4.24）**
CAR	0.113**	−0.179***	0.125***	−0.144***
	（2.18）	（−33.53）	（26.06）	（−6.65）
LNTA	0.132**	1.053***	0.401***	1.132***
	（2.10）	（43.59）	（20.17）	（10.05）
NII	0.023**	0.027***	0.069***	0.023**
	（2.47）	（15.21）	（23.00）	（2.45）
OVTA	−0.768***	0.934***	−2.812***	0.834**
	（−3.16）	（19.97）	（−20.67）	（2.24）
GGDP	0.026	0.005	0.089***	0.074*
	（0.55）	（1.45）	（24.16）	（1.78）
YieldCur	0.039	−0.105***	0.023***	−0.176**
	（0.29）	（−10.93）	（3.01）	（−2.26）
_cons	−2.280	−7.366***	−3.926***	−8.945***
	（−1.47）	（−30.72）	（−20.54）	（−6.60）
N	517	413	517	517
P−Sargan		1.0000	1.0000	
P−AR（1）		0.1220	0.0851	
P−AR（2）		0.5528	0.4740	

注：表中下半部分给出了模型估计所用到的样本数、GMM 估计选取工具变量过度识别检验的 P 值以及残差扰动项一阶和二阶序列相关检验的 P 值。括号中报告的是稳健标准误调整后的 t 值，*、**、*** 分别表示在 10%、5%、1% 的显著性水平上显著。下同。

（二）净稳定融资比率（NSFR）与银行贷款信用风险（NCOs）

表 3-3 用于考察净稳定融资比率对银行贷款信用风险的影响。根据表中模型（2）、（3）的估计结果，无论是一阶差分估计量还是系统广义矩估计量，实证结果均表明净稳定融资比率的提升可以显著降低银行的净呆账贷款率，从而降低银行贷款资产的信用风险。这与 Dietrich et al.（2014）的结论基本一致，且无论从净稳定融资比率的当期（NSFR）还是滞后一期（L.NSFR）的结果来看该数值均为负，这表明：对于中国银行业而言，NSFR 流动性监测指标对商业银行信用风险的影响无论是当期还是滞后一期，均起到显著降低的作用，且从系统广义矩估计的结果来看，当期 NSFR 每提高 1% 会使得银行的信用风险降低 2.12 个 bp，上一期 NSFR 每提高 1% 会使得银行的信用风险降低 8.67 个 bp。上述实证结果十分稳健地验证了本书提出的假设 2：就中国银行业而言，NSFR 的提高会降低银行贷款的信用风险。

表 3-3　净稳定融资比率（NSFR）对银行贷款信用风险（NCOs）的影响

	（1）	（2）	（3）	（4）
	OLS	DIFGMM	SYSGMMM	FE
L.NCOs	−0.015	−0.451***	−0.306***	−0.392***
	（−0.31）	（−1486.82）	（−440.76）	（−8.76）
NSFR	−10.269**	−2.598***	−2.127***	−3.219*
	（−2.11）	（−31.81）	（−27.61）	（−1.76）
L.NSFR	8.163*	−0.729***	−8.668***	0.789
	（1.70）	（−23.38）	（−140.28）	（0.47）
CAR	0.152	−0.253***	0.201***	−0.322***
	（1.38）	（−339.68）	（92.45）	（−3.70）
LNLO	−0.653**	−2.538***	−2.855***	−2.448***
	（−2.50）	（−74.19）	（−63.76）	（−4.19）
NII	0.023	0.036***	0.184***	0.036

续表

	（1）	（2）	（3）	（4）
	OLS	DIFGMM	SYSGMMM	FE
	（1.12）	（22.82）	（32.96）	（0.78）
OVTA	2.353	0.590***	5.847***	3.363**
	（1.04）	（5.72）	（66.26）	（1.97）
GGD	0.506**	−0.415***	0.246***	−0.482***
	（2.09）	（−82.12）	（21.63）	（−2.60）
_cons	−0.433	31.413***	24.282***	28.208***
	（−0.10）	（89.57）	（63.46）	（4.29）
N	543	418	543	543
P–Sargan		1.0000	1.0000	
P–AR（1）		0.5460	0.1512	
P–AR（2）		0.1893	0.3634	

（三）净稳定融资比率（NSFR）与贷款及其他盈利资产的收益率（IIGL、OII_OEA）

表 3–4 中，A 栏和 B 栏分别从贷款资产收益率（IIGL）和其他盈利资产收益率（OII_OEA）的角度来考察净稳定融资比率的提升对两者的影响[①]。

表 3–4　净稳定融资比率（NSFR）对贷款及其他盈利资产的收益率（IIGL、OII_OEA）的影响

	Panel A: IIGL				Panel B: OII_OEA			
	（1）	（2）	（3）	（4）	（1）	（2）	（3）	（4）
	OLS	DIFGMM	SYSGMMM	FE	OLS	DIFGMM	SYSGMMM	FE
L.Y	0.571***	0.217***	0.419***	0.319***	0.543***	−0.071***	0.396***	0.247***
	（9.80）	（8.33）	（29.50）	（5.15）	（8.67）	（−40.37）	（176.97）	（6.87）
NSFR	−0.288	−0.708	−1.421***	−0.536*	0.488	0.573***	1.070***	0.943

---

① 由于贷款资产收益率（IIGL）的时间序列特征过于明显，解释变量的一阶滞后项的动态面板模型不能通过过度识别检验和二阶序列相关检验，所以本书采用了多阶滞后的动态面板数据模型，但由于篇幅限制只汇报一阶结果，其他阶估计结果不做展示。

	Panel A: IIGL				Panel B: OII_OEA			
	（1）	（2）	（3）	（4）	（1）	（2）	（3）	（4）
	OLS	DIFGMM	SYSGMMM	FE	OLS	DIFGMM	SYSGMMM	FE
	（−1.05）	**（−1.31）**	**（−4.88）**	**（−1.66）**	**（0.62）**	**（5.21）**	**（8.12）**	**（0.95）**
CAR	0.075***	0.074***	0.095***	0.067***	0.138***	0.090***	0.299***	0.086
	（2.73）	（10.30）	（16.08）	（3.62）	（2.94）	（32.32）	（58.17）	（1.48）
LNLO	−0.141***	0.474***	−0.158***	0.434***	−0.412***	0.179***	−0.449***	−0.092
（LNTA）	（−4.06）	（4.90）	（−2.95）	（2.94）	（−3.96）	（5.31）	（−8.16）	（−0.29）
NII	0.001	0.009**	0.015**	−0.002	−0.056***	−0.027***	0.038***	−0.040
	（0.23）	（2.10）	（2.26）	（−0.30）	（−4.03）	（−7.26）	（7.04）	（−1.59）
OVTA	0.887***	2.023***	1.660***	1.845***	5.044***	8.629***	8.468***	6.822***
	（2.85）	（4.00）	（6.07）	（4.38）	（3.92）	（55.61）	（115.73）	（6.56）
GGDP	−0.046	−0.051**	−0.087***	−0.047	−0.322***	−0.631***	−0.286***	−0.557***
	（−1.48）	（−2.52）	（−7.61）	（−1.08）	（−3.21）	（−76.23）	（−20.77）	（−4.28）
_cons	3.131***	3.017	5.590***	2.214	2.528	0.811***	−4.305***	2.032
	（3.37）	（1.53）	（4.89）	（1.38）	（1.06）	（2.75）	（−14.66）	（0.54）
N	303	239	303	303	796	637	796	796
P−Sargan		1.0000	1.0000			1.0000	1.0000	
P−AR（1）		0.0034	0.0031			0.0216	0.0028	
P−AR（2）		0.0712	0.7430			0.0442	0.6112	

A栏中，模型（2）和（3）的估计结果分别为 −0.708 和 −1.421，系统广义矩估计的结果在 1% 的显著性水平下显著。B栏中，模型（2）和（3）的估计结果分别为 0.573 和 1.070，且均在 1% 的显著性水平下显著。上述估计结果同样表明：净稳定融资比率（NSFR）的提升，在降低银行贷款资产收益率的同时显著地提升了其他盈利资产收益率水平，且从系统广义矩估计的数值上来看，NSFR 每增加 1% 会使得贷款资产收益率（IIGL）降低 1.42 个 bp，但是会使得银行的其他盈利资产收益率（OII_OEA）增加 1.07 个 bp。综上，

实证结果十分稳健地验证了本书提出的假设 3：就中国银行业而言，NSFR 的提高会降低银行贷款资产的收益率，提高其他盈利资产的收益率。

（四）净稳定融资比率（NSFR）与银行生息资产的盈利能力（NIM）

表 3-5 用于考察净稳定融资比率对银行生息资产盈利能力的影响。从表中模型（3）系统广义矩估计的结果来看，虽然其系数符号为正，但是并不显著，这表明：净稳定融资比率的提升虽然可以提高银行生息资产的盈利能力，但是统计上来看该结果有待进一步验证。上述实证结果基本验证了本书提出的假设 4：就中国银行业而言，NSFR 的提高可能会提升银行的生息资产的盈利能力。

表 3-5　净稳定融资比率（NSFR）对银行净息差（NIM）的影响

	（1）	（2）	（3）	（4）
	OLS	DIFGMM	SYSGMMM	FE
L.NIM	0.490***	0.001	0.282***	0.080
	（5.85）	（0.12）	（13.19）	（1.59）
NSFR	0.384**	-0.126	0.104	0.036
	（2.58）	（-0.97）	（1.40）	（0.21）
CAR	−0.013	0.006	0.013***	−0.002
	（−0.85）	（0.97）	（2.66）	（−0.22）
LNLO	−0.008	0.571***	0.022	0.457***
	（−0.47）	（15.83）	（1.06）	（5.78）
NCOs	−0.148**	0.051***	−0.074**	0.047
	（−2.22）	（2.84）	（−2.48）	（0.81）
IIP	−0.197	0.248***	0.096	0.034
	（−1.26）	（2.97）	（1.11）	（0.21）
NII	−0.028***	−0.018***	−0.028***	−0.025***
	（−5.62）	（−4.67）	（−8.14）	（−4.33）

续表

	（1）	（2）	（3）	（4）
	OLS	DIFGMM	SYSGMMM	FE
OVTA	1.094***	1.987***	1.305***	1.674***
	（5.65）	（15.79）	（15.14）	（8.68）
GGDP	−0.043**	0.007	−0.073***	0.003
	（−2.58）	（1.55）	（−12.25）	（0.16）
_cons	0.711	−1.771***	1.026***	−1.280
	（1.62）	（−4.85）	（2.82）	（−1.42）
N	297	223	297	297
P–Sargan		1.0000	1.0000	
P–AR（1）		0.3720	0.0103	
P–AR（2）		0.8873	0.0805	

（五）净稳定融资比率（NSFR）与银行单位资产的盈利水平（ROA）

表 3-6 中模型（2）和（3）的估计结果分别为 0.143 和 0.238，且差分广义矩估计与系统广义矩估计的结果均在 1% 的显著性水平下显著。上述估计结果表明：净稳定融资比率 NSFR 的提升，能显著提高银行单位资产的盈利水平，且从系统广义矩估计的结果来看，NSFR 每增加 1% 会使得银行单位资产的盈利水平增加 0.24 个 bp。综上，上述实证结果十分稳健地验证了本书提出的假设 5：就中国银行业而言，NSFR 的提高会提升银行的单位资产盈利水平。从假设 3、4 和 5 的回归结果来看，NSFR 的提高会通过提升 ROA 水平来提升商业银行的风险抵御能力。

表 3-6　净稳定融资比率（NSFR）对银行单位资产的盈利水平（ROA）的影响

	（1）	（2）	（3）	（4）
	OLS	DIFGMM	SYSGMMM	FE
L.ROA	0.585***	0.244***	0.523***	0.366***
	（9.98）	（19.54）	（104.99）	（8.98）

续表

	（1） OLS	（2） DIFGMM	（3） SYSGMMM	（4） FE
NSFR	0.346***	0.143***	0.238***	0.137*
	（2.63）	（4.45）	（11.33）	（1.73）
CAR	−0.031	0.014***	−0.013***	0.019***
	（−1.46）	（7.85）	（−5.98）	（2.94）
LNTA	0.004	0.332***	0.101***	0.235***
	（0.40）	（33.16）	（12.00）	（5.95）
NII	0.003*	0.004***	0.001	0.003
	（1.85）	（6.83）	（0.95）	（1.34）
OVTA	0.132	−0.006	0.367***	−0.114
	（1.56）	（−0.20）	（8.02）	（−1.09）
GGDP	0.041**	0.035***	0.063***	0.026**
	（2.38）	（17.00）	（20.61）	（2.21）
_cons	−0.482*	−1.743***	−1.753***	−1.283***
	（−1.75）	（−17.37）	（−12.52）	（−3.04）
N	431	339	431	431
P–Sargan		1.0000	1.0000	
P–AR（1）		0.0112	0.0058	
P–AR（2）		0.0029	0.2651	

结合假设 1~5 的实证结果可以得出以下结论：*NSFR* 的提高会降低商业银行的信用风险，虽然融资成本增加会降低银行的风险抵御能力，但是总体来说能从提高单位资产盈利能力上来增加银行的风险抵御能力。

三、稳健性检验

为确保实证结果的有效性，本书对重要的实证部分也进行了如下的稳健性检验：

（1）不同变量的替代指标。本书另外选取了平均客户存款费用/平均客户存款作为银行负债融资成本、贷款损失预提/总贷款作为银行贷款信用风险的代理变量。

（2）不同数据样本检验。正文实证结果为手动剔除异常值后的全样本估计，该估计结果可能会受剔除规则的影响，因而为确保估计结果的稳健性，本书按银行特征指标进行5%异常值缩尾处理的稳健性检验。

（3）不同实证方法检验。正文中分别给出了普通最小二乘（OLS）、面板数据的固定效应模型（FE）、面板数据的差分估计（DISGMM）和系统广义矩估计（SYSGMM）四种方法的估计结果，各方法结果之间可相互印证以检验结论的有效性。

通过上述方法的不断调整和检验，本书实证分析中的净稳定融资比率对银行负债融资成本、贷款和其他盈利资产收益率、生息资产的盈利能力和单位资产盈利能力的重要结论仍然成立，篇幅所限，结果不逐一呈现。

第四节　结论与政策建议

本章采用中国银行业的微观数据，运用动态面板模型实证检验了巴塞尔协议Ⅲ长期监管指标——净稳定融资比率（*NSFR*）对我国商业银行负债融资成本、贷款信用风险、贷款及其他盈利资产收益率、银行生息资产的盈利能力和单位资产的盈利水平的影响，从而得出 *NSFR* 会对商业银行信用风险和风险抵御能力产生影响的相应结论：*NSFR* 的提高会降低商业银行的信用风险，虽然通过增加融资成本会降低银行的风险抵御能力，但是总体来说能从提高单位资产盈利能力来增加银行的风险抵御能力。

本章的研究结论对我国银行业实行长期结构性流动性风险管理和银行业监管部门制定监管政策都具有很强的参考价值。具体来说：

第一，在评价巴塞尔协议Ⅲ长期监管指标实施对中国商业银行的影响时，应综合考虑该指标实施对我国银行负债融资成本、贷款信用风险、贷款资产收益率、其他盈利资产收益率、生息资产盈利能力和单位盈利资产盈利水平的影响。本书结论表明：巴塞尔协议Ⅲ长期监管指标的实施对银行经营有利有弊，其利在于该指标的实施会显著降低银行贷款的信用风险，提升其他盈利资产收益率，其弊在于该指标实施会显著增加银行的负债融资成本并显著降低银行贷款资产的收益率水平，但总体看来对银行的单位资产盈利水平起到了一定的提升作用。上述结论无论对于商业银行经营还是监管部门制定流动性风险监管政策均具有一定的参考价值。对于处于利率市场化改革中，面临商业银行负债融资成本、不良贷款余额和不良贷款率"三升"的中国银行业而言，净稳定融资比率监管体系的推进有利于商业银行降低信用风险，提升银行其他盈利资产和单位资产的盈利水平。对于监管部门而言，本书的结论为监管部门推行以净稳定融资比率取代存贷比监管提供了一些证据支持。净稳定融资比率的提升会改善银行其他盈利资产盈利水平的结论，也为我国银行业即将推行的综合化运营提供了经验支持。

第二，当前，无论从商业银行的外部经营环境、业务模式的角度，还是从商业银行的内部资金来源的角度，商业银行都面临着资产流动性降低、资产负债期限错配加大、流动性风险隐患增加等问题。2013 年 6 月我国银行间市场出现的流动性紧张充分暴露了我国商业银行流动性风险管理中的不足。本书囿于篇幅没有对净稳定融资比率如何影响银行盈利模式、非利息收入结构、流动性风险变化做进一步的理论和实证分析，但这仍然是我国商业银行当前所面临的最迫切问题。我国商业银行和监管部门要充分意识到银行在流动性风险管理和监管上存在的不足和面临的挑战，不断提升各商业银行在长期结构性流动性风险上的管理及应对能力，降低银行体系发生系统性金融风险的可能。

第三，加强对巴塞尔协议Ⅲ流动性监管指标及其影响的研究。巴塞尔委员会自 2010 年 12 月 16 日提出巴塞尔协议Ⅲ协议草案后，至今已有 7 年多时间，且制定后又分别在 2013 年 1 月和 2014 年 1 月对流动性覆盖率（LCR）和净稳定融资比率（NSFR）这两项指标进行了修订。协议制定及修改大多是基于欧美发达国家银行业的经验，许多地方并不合乎中国的实际，如中国银行业的活期存款沉淀率一般都在 70% 以上，远高于欧美。将基于欧美银行业经验制定的流动性风险监管指标机械地套用到中国银行业会产生很大的政策风险。流动性覆盖率（LCR）和净稳定融资比率（NSFR）这两项指标是否能精准刻画中国银行业所面临的短期流动性风险和长期结构性的流动性风险也有待商榷。因此，我国监管部门应结合中国银行业实际研究流动性覆盖率（LCR）和净稳定融资比率（NSFR）的适用性问题，适时提出适用于中国商业银行的流动性风险的监管标准。

第四章　商业银行净稳定融资比率调整态势的驱动因素分析

自巴塞尔协议Ⅲ颁布以来，各国监管层结合自身的经济、金融环境和监管现状陆续推出了监管细则。各国商业银行也积极地配合流动性风险管理的最新要求，改善自身流动性风险管理的能力。然而，由于各国经济水平、制度环境差异巨大，监管层在制定的细则上有所不同，各商业银行的具体实施方法也存在着千差万别。

从第三章第一节可知，虽然巴塞尔委员会和各国监管部门均要求商业银行的净稳定融资比率水平不得低于100%，但是从实际值来看，各商业银行均设置了高于最低水平之上的净稳定融资比率。

既然各商业银行不存在净稳定融资比率达标的压力，那么为什么会普遍存在银行净稳定融资比率高于最低100%水平之上的现象？

基于上述背景，本书采用部分调整模型对我国各商业银行净稳定融资比率的目标水平和调整速度进行研究，并结合中国商业银行实际情况找出驱动中国商业银行调整流动性水平的主要因素。

本章首先对影响中国商业银行调整流动性水平的主要因素提出假设。其次对部分调整模型的原理进行介绍，进而计算和展示16家国有银行和股份制商业银行的流动性调整目标、调整速度。最后对本章提出的假设进行实证检验并得出相应结论。

第一节　理论假说

　　结合已有文献和国内外监管情况的变化，本书认为如下三种效应可能是中国商业银行设置较高净稳定融资比率目标的主要原因。

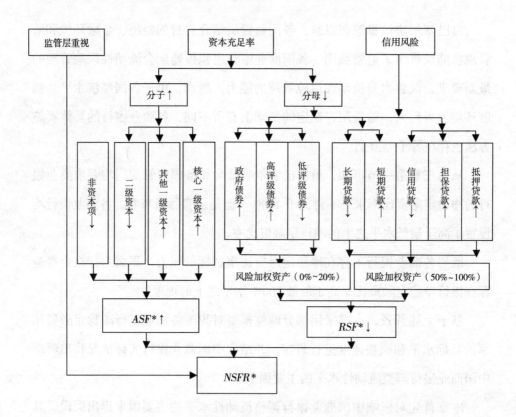

图 4-1　净稳定融资比率目标水平过高的主要原因

一、领导人与监管层重视

次贷危机中，许多西方金融机构因损失巨大纷纷陷入经营困境。出于"大而不能倒"的顾虑，大部分的金融机构均得到了财政部和央行的注资及挽救。次贷危机造成的损失最终由政府和纳税人承担。危机后西方国家的领导人和监管层进行了深刻反思，大刀阔斧地对金融机构和金融监管进行了改革，颁布了诸如《多德－弗兰克法案》在内的众多监管法案，加强了对金融机构和金融体系的监管。

中国金融机构虽然在次贷危机及其后的金融危机中未遭受较大损失，但是国外金融机构与金融体系监管不严所激起的金融风暴使得中国领导人和监管层开始非常重视国内金融机构和金融体系的安全。其重视程度从每年一次国家领导人与监管层领导参加的"中央经济工作会议""达沃斯世界经济论坛""博鳌亚洲论坛"，以及各种重要场合、会议反复提及"金融风险""金融监管"的讲话稿中可见一斑。领导人与监管层对风险和监管的高度重视在国内营造了相对谨慎和严格的金融监管环境，进而使得银行管理层对金融风险异常重视，在净稳定融资比率水平上设置了较高的目标值。因而，本书提出中国银行业净稳定融资比率目标水平过高的第一个假说：领导人与监管层的重视使得中国商业银行净稳定融资比率目标水平过高。

二、信用风险

信用风险一直是银行业面临的主要风险。就中国商业银行而言，在证券市场尚不发达的社会融资结构体系下，银行的信贷资产占据了银行总资产的绝对比例。这既提升了企业的融资成本、抬高了企业杠杆率水平，也使得大量的风险积压在银行体系中。在经济下行期，经营不善的企业无法按时足额偿还银行贷款本息，最终使得银行承担了大量企业投资和经营失败的风险。为规避信用风险，银行会在贷款之前加强审核，对于风险较高的项目会要求企业提供担保人和抵押品，在贷款发放过程中会根据企业资信状况动态调整贷款的期限和结构。每年银行会根据自身信用风险的大小、股东要求的盈利状况以及监管政策提取一定的贷款损失拨备，最终形成银行的贷款损失准备金。当不良贷款水平较高时，银行会做出如下调整：第一，加强贷款事前的审核，要求企业提供更多的抵押品数量和担保人承诺，这会使得银行信贷担保和抵押结构朝着更有利银行的方向发展；第二，加强对已发放贷款的清理和回收，对新发放的贷款期限会更加保守，从而使得银行贷款的期限结构更短；第三，在整个资金配置上会更趋保守，减少对信贷资产的配置，增加对债券尤其是信用评级较高的国债和政府债券的配置。上述三方面的调整会使得银行的净稳定融资比率的分母——所需稳定资金（RSF）的结构朝着更有利于银行稳定融资比率目标水平变高的方向发展。因而，本书提出中国银行业 NSFR 目标水平过高的第二个假说：信用风险较高使得中国商业银行设定过高的净稳定融资比率目标水平。

三、资本充足率要求

资本充足率是商业银行资本金水平与风险加权资产之比，其计算公式如下：

$$Capital\ Adequacy\ Ratio = \frac{Total\ Capital}{Risk\ weighted\ assets\,(RWA)}$$

2008 年金融危机后，巴塞尔银行监督委员会于 2010 年 12 月 16 日发布了《第三版巴塞尔协议》（Basel Ⅲ 或巴塞尔协议Ⅲ），要求各成员经济体在两年内完成相应监管法规的制定和修订，并于 2013 年 1 月 1 日开始实施新监管标准，2019 年 1 月 1 日前全面达标。相对于《第二版巴塞尔协议》（Basel Ⅱ 或巴塞尔协议 Ⅱ），巴塞尔协议 Ⅲ 在以下三个方面大幅度提高了商业银行资本监管要求：第一，提高核心资本的要求，弱化了附属资本的要求；第二，提出了逆周期超额资本的要求[①]，以增强银行抵御外部经济冲击的能力；第三，针对系统重要性银行，根据系统重要性程度提出了附加资本要求（见附录 B）。巴塞尔协议 Ⅲ 与巴塞尔协议 Ⅱ 差异归纳如表 4–1 所示。

表 4–1　Basel Ⅲ 与 Basel Ⅱ 对资本充足率要求差异　　　单位：%

风险加权资本的百分比	资本要求							附加资本要求	
	普通股			一级资本		总资本		逆周期超额资本	系统重要性银行
	最低要求	留存超额资本	总资本要求	最低要求	总资本要求	最低要求	总资本要求		
巴塞尔协议 Ⅱ	2	--		4		8			--
巴塞尔协议 Ⅲ	4.5	2.5	7.0	6	8.5	8	10.5	0–2.5	如表B.2

巴塞尔协议 Ⅲ 推出后，（原）中国银监会适时推出了"中国版巴塞尔协议 Ⅲ"[②]。相较于巴塞尔协议 Ⅱ，"中国版巴塞尔协议 Ⅲ"在资本充足率上又做了以下三个方面调整：（1）强化资本充足率监管；（2）杠杆率[③]约束严一个百分点；（3）过渡期比巴塞尔委员会要求早两年。具体如表 4–2 所示。

---

① 逆周期超额资本要求指银行在监管当局要求下在经济上行期提取一定资本金用于在经济下行期时吸收损失，维护经济周期内的信贷供给稳定。

② 中国版巴塞尔协议 Ⅲ 由一个指导意见、三个办法（2011年10月出台的《中国银行业实施新监管标准指导意见》《商业银行杠杆率管理办法》《商业银行资本管理办法（试行）》《商业银行流动性风险管理办法（试行）征求意见稿》）组成，要求自2012年1月1日实施，2013年开始逐步达标，2016年完全达标。

③ 不同于公司金融中杠杆率的定义，（原）银监会给出的杠杆率定义为"一级资本扣除扣减项占调整后表内外资产余额"，具体见《商业银行杠杆率管理办法》（银监会2011年3号令）。

表 4-2 "中国版巴塞尔协议Ⅲ"与巴塞尔协议Ⅲ资本协议要求差异   单位：%

	中国版巴塞尔协议Ⅲ	巴塞尔协议Ⅲ
核心一级（普通股）资本充足率	5	4.5
杠杆率	4	3
过渡期	中国要求2012年实施，其中系统重要性银行2013年底达标，非重要银行2016年达标	2013年实施，2018年达标

资料来源：作者整理，2017。

在"中国版巴塞尔协议Ⅲ"推出后，（原）中国银监会于 2012 年 6 月 7 日又颁布了《商业银行资本管理办法（试行）》（于 2013 年 1 月 1 日起施行，对银行资本充足率过渡期安排又做了新的要求），具体如表 4-3 所示。

表 4-3 "中国版巴塞尔协议Ⅲ"资本协议过渡期内资本充足率要求   单位：%

银行类别	项目	2013	2014	2015	2016	2017	2018
系统重要性银行	核心一级资本充足率	6.5	6.9	7.3	7.7	8.1	8.5
	一级资本充足率	7.5	7.9	8.3	8.7	9.1	9.5
	资本充足率	9.5	9.9	10.3	10.7	11.1	11.5
其他银行	核心一级资本充足率	5.5	5.9	6.3	6.7	7.1	7.5
	一级资本充足率	6.5	6.9	7.3	7.7	8.1	8.5
	资本充足率	8.5	8.9	9.3	9.7	10.1	10.5

资料来源：作者基于（原）银监会网站 2012 年 12 月 7 日"关于实施《商业银行资本管理办法（试行）》过渡期安排相关事项"整理所得。

《商业银行资本管理办法（试行）》要求各商业银行在 2018 年底前全面达到规定的资本充足率要求。系统重要性银行原则上在 2013 年底前达标，最晚不得迟于 2015 年底达标；非系统重要性银行原则上 2016 年底达标，最晚不得迟于 2018 年底达标。

监管部门提出的过严和过高的资本充足率要求在改善商业银行资本结构、提高资本充足率水平的同时也改进了银行净稳定融资比率的分子项——可用稳定资金（*ASF*）和分母项——所需稳定资金（*RSF*）的水平和结构，从而使得设置更高资本充足率要求的银行，其净稳定融资比率水平更高。因而，本书提出中国银行业净稳定融资比率目标水平过高的第三个假说：资本充足率要求过高使得中国商业银行设定过高的净稳定融资比率目标水平。

第二节　指标的选择、构造与模型设计

一、指标的选择和模型设计

为说明中国银行业净稳定融资比率过高的情况，验证前文提出的理论假说。本书构造了如下分析指标。

（一）净稳定融资比率（$NSFR_{i,t}$）

BCBS（2010）和（原）银监会 2011 年颁布的《商业银行流动性风险管理办法（试行）》（征求意见稿）中第三十七条对净稳定融资比率做出如下定义：

$$NSFR = ASF / RSF \tag{1}$$

其中，*ASF* 表示银行可用的各项稳定资金来源，*RSF* 表示银行发展各类资产业务所需要的稳定资金水平。参考国内外学者（Vazquez & Federico，2012；Kapan & Minoiu，2013；李明辉等，2016）的计算方法并结合研究所用数据特征，本书构建了净稳定融资比率详细计算科目表，具体如附录 A。

（二）净稳定融资比率目标水平（$NSFR_{i,t}^{*}$）

本书参考 Berger et al.（2008）和 DeYoung and Jang（2016）的部分调整模

型（partial adjustment model）构造如下净稳定融资比率的部分调整模型。

假定每家银行每年（期）都存在目标$NSFR_{i,t}^*$，该目标水平由每家银行每年结合自身状况（$C_{i,t-1}$）及宏观经济水平（$M_{i,t-1}$）决定，故设定如下方程：

$$NSFR_{i,t}^* = C_{i,t-1}^1 \alpha^1 + M_{i,t-1}^1 \beta^1 \equiv \beta X_{i,t-1} \qquad (2)$$

根据部分调整模型的设定，商业银行会根据每年的净稳定融资比率缺口（$GAP_{i,t-1} = NSFR_{i,t}^* - NSFR_{i,t-1}$）和调整速度（$\lambda$）来对当年的净稳定融资比率进行调整。然而，外生的冲击（$\widetilde{\delta_{i,t}}$）[1]会使得银行净稳定融资比率实际水平（$NSFR_{i,t}$）有所偏离，其实际净稳定融资比率的调整方程如下：

$$NSFR_{i,t} - NSFR_{i,t-1} = \lambda NSFR_{i,t}^* - NSFR_{i,t-1} + \widetilde{\delta_{i,t}} \qquad (3)$$

其中，$0 < \lambda < 1$为常数调整系数，该系数越大说明银行管理者有着更主动的流动性水平调节行为。

将（2）代入（3）式后移项可得：

$$NSFR_{i,t} = \lambda \beta X_{i,t-1} - (1-\lambda) NSFR_{i,t-1} + \widetilde{\delta_{i,t}} \qquad (4)$$

通过估计（4）式可以得到$NSFR_{i,t-1}$的系数$\widehat{1-\lambda}$，从而可以估算出$\hat{\lambda}$的值。结合$X_{i,t-1}$变量系数的估计值$\widehat{\lambda\beta}$可以推算出净稳定融资比率目标水平各特征系数的向量$\hat{\beta}$。据此可以计算得到每家银行每年的净稳定融资比率目标水平（$NSFR_{i,t}^*$）的估计值$\widehat{NSFR_{i,t}^*} = \hat{\beta} X_{i,t-1}$。

（三）净稳定融资比率目标缓冲（$NSFR_{i,t}^{TargetBuffer}$）

有净稳定融资比率目标水平（$NSFR_{i,t}^*$）的估计值$\widehat{NSFR_{i,t}^*}$后，可进一步计算净稳定融资比率目标缓冲（$NSFR_{i,t}^{TargetBuffer}$），公式如下：

---

[1] 这些外生冲击包括：竞争使得存款离开或进入银行，经济形势的周期波动造成贷款需求的上升和下降等。

$$NSFR_{i,t}^{TargetBuffer} = NSFR_{i,t}^{*} - NSFR_{i,t}^{Requirement} \tag{5}$$

上式中，若 $NSFR_{i,t}^{TargetBuffer}$ 越大说明银行有强烈的动机设置高于最低要求水平（ $NSFR_{i,t}^{Requirement}$ ）之上的净稳定融资比率目标水平（ $NSFR_{i,t}^{*}$ ）。

（四）净稳定融资比率调整速度（ $\lambda_{i,t}$ ）

分析假设银行的动态调整速度 λ 不随时间和个体变化。然而，从实际情况来看，净稳定融资比率调整速度除受银行自身因素影响外，还应受宏观经济变量、市场竞争程度和自身技术水平等因素 $Z_{i,t-1}$ 的影响。当放松净稳定融资比率调整速度常数假设时，有如下方程：

$$\lambda_{i,t} = C_{i,t-1}^2 \alpha^2 + M_{i,t-1}^2 \beta^2 \equiv \Lambda Z_{i,t-1} \tag{6}$$

将（6）代入（3）中可以得到如下估计方程

$$NSFR_{i,t} - NSFR_{i,t-1} = \Lambda Z_{i,t-1} \widehat{NSFR_{i,t}^{*}} - NSFR_{i,t-1} + \widetilde{\delta_{i,t}} \tag{7}$$

定义 $\Delta NSFR_{i,t} = NSFR_{i,t} - NSFR_{i,t-1}$ 。由于 $\Delta NSFR_{i,t}$ 、 $Z_{i,t-1}$ 、 $\widehat{NSFR_{i,t}^{*}}$ 和 $NSFR_{i,t-1}$ 可计算，因而可以得到 Λ 的估计系数 $\hat{\Lambda}$ ，进而可以估算出每家银行每年的净稳定融资比率动态调整速度估计值 $\widehat{\lambda_{i,t}}$ 。其中，定义 $\widehat{GAP_{i,t-1}} = \widehat{NSFR_{i,t}^{*}} - NSFR_{i,t-1}$ ，则后续 Λ 的估计中要将回归因子 $Z_{i,t-1}$ 与 $\widehat{GAP_{i,t-1}}$ 做内积。

二、变量说明

根据研究问题的需要并结合数据和初步实证检验结果，解释变量选取如下：

（一）净稳定融资比率目标水平（ $NSFR_{i,t}^*$ ）方程回归变量（ $C_{i,t-1}^1$ 和 $M_{i,t-1}^1$ ）

净稳定融资比率目标水平（ $NSFR_{i,t}^*$ ）方程中主要解释变量定义如下：

（1）领导人与监管层领导讲话频次（Freq）。该指标主要用于刻画国家领导人和监管层对风险的重视程度。因此，本书统计了每年国家主席、国家总理、央行行长、央行副行长、（原）银监会主席、（原）银监会副主席在各种场合下提及"系统性风险""区域性风险"和"流动性风险"的频次，整理成强度指标。频次越高，说明领导人与监管层对风险越重视。

（2）信用风险（LLR）。用银行的不良贷款余额和总贷款之比，即不良贷款率作为银行信用风险大小的代理指标。该指标越高说明银行面临的信用风险水平越高。

（3）资本充足率（CAR）。根据资本充足率的定义，用银行的总资本与风险加权资产之比作为银行资本充足程度的代理指标。该指标越高说明银行的资本充足水平越高。

上述重要解释变量与银行控制变量（银行规模 LNTA、公开上市 Public、银行权益 Equity 等）以及宏观经济变量（经济增速 GGDP）共同构成净稳定融资比率目标水平方程的回归变量（ $X_{i,t-1}$ ），具体各变量总结如表4-4中 Panel A 所示。

（二）净稳定融资比率调整速度（ $\lambda_{i,t}$ ）方程回归变量（ $C_{i,t-1}^2$ 和 $M_{i,t-1}^2$ ）

净稳定融资比率调整速度（ $\lambda_{i,t}$ ）方程的主要解释变量定义如下：

（1）资金成本（Funding Cost）。在银行负债主要来源于存款的背景下，用银行的利息费用与存款规模之比作为银行资金成本的代理指标。该指标越高，说明银行的资金成本越高。

（2）期限利差（Yield Spread）。用 10 年期的国债利率与即期国债的利差表示无风险利率的期限利差。

净稳定融资比率调整速度（$\lambda_{i,t}$）方程中各变量（$Z_{i,t-1}$）定义与计算方法总结如表 4–4 中 Panel B 所示。

表 4–4 估计方程各变量计算方法和符号含义

变量名	Panel A ($X_{i,t-1}$)	Panel B ($Z_{i,t-1}$)	变量含义	计算方法
Freq	√	√	监管层重视程度	领导人讲话频率
LLR	√	√	信用风险	不良贷款余额 / 总贷款
CAR	√	√	资本充足率	总资本/风险加权资产
LNTA	√	√	银行规模	ln（总资产）
Public	√	√	公开上市	上市当年及以后取1，否则取0
Equity	√		银行权益	总权益
NSFR	√		净稳定融资水平	ASF/RSF
ADZP	√		银行稳定性	（ROA+ETA）/SDROA
GGDP	√		经济环境	$(GDP_t - GDP_{t-1}) / GDP_{t-1}$
M2R		√	M2增速	$(M2_t - M2_{t-1}) / M2_{t-1}$
Branches		√	扩张经营活动	银行分支机构数量
GrowthPlan		√	增长计划	（本期资产–上期资产）/上期资产
Gap		√	调整缺口	$NSFR_{i,t}^{*} - NSFR_{i,t-1}$
ABOVE		√	调整压力	$NSFR_{i,t}$ 在 $NSFR_{i,t}^{*}$ 以上取1，否则取0
Funding Cost		√	资金成本	利息费用/存款余额
Yield Spread		√	期限利差	10年期国债与即期国债利差
ASF		√	可用稳定资金	按前文公式计算

资料来源：作者整理。

第三节　实证回归结果及分析

一、样本选择与描述性统计

虽然中国银行业从 2013 年才开始实行净稳定融资比率，但是在 2013 年之前各商业银行也都对各自的流动性风险进行了管理。因此，本书认为选取 2013 年之前的银行数据来计算银行的净稳定融资比率更能全面考察银行流动性水平的变化和调整趋势。基于此，本书对 Bankscope 数据库中中国商业银行的部分样本做了如下调整：

（1）时间维度上尽可能地涵盖 2000—2015 年；（2）由于监管和银行属性不同，样本中删除了政策性银行、外资银行和邮政储蓄银行。最终，样本选取了 87 家银行近 13 年的数据。

表 4-5 给出了前文构造指标及全文实证研究中所用变量的描述性统计性质。

表 4-5　样本观测的描述性统计性质

变量符号	均值	中位数	最大值	最小值	方差	观测数
$NSFR_{i,t}^{*}$	1.390	1.450	1.740	0.395	0.193	834
$\lambda_{i,t}$	0.484	0.483	3.060	−3.560	0.212	834
Freq	27.40	30.00	40.00	6.000	9.820	834
LLR	9.500	2.860	75.70	0.360	17.50	793
ROA	6.260	1.140	172.0	−0.770	18.60	820

续表

变量符号	均值	中位数	最大值	最小值	方差	观测数
CAR	40.00	12.60	570.0	−1.470	96.30	784
Equity	19.00	0.097	277.0	−99.60	37.50	824
LNTA	8.840	8.310	13.20	3.490	2.360	824
Public	0.808	1.000	1.000	0.000	0.395	203
NSFR	1.390	1.360	3.660	0.000	0.411	824
ADZP	16.60	14.70	108.0	−27.40	14.50	820
Branches	111.0	4.040	6634	0.0855	525.0	765
GrowthPlan	156.0	−0.058	14000	−1.000	970.0	695
Gap	0.0128	0.0685	1.590	−2.780	0.452	834
ABOVE	0.445	0.000	1.000	0.000	0.497	834
Funding Cost	8.480	2.070	228.0	0.000	31.80	748
Yield spread	1.270	1.110	1.910	0.541	0.370	834
ASF	663.0	32.30	5389	0.000	1343	834
M2R	15.70	14.40	28.40	11.00	3.870	13
GGDP	8.870	8.100	13.90	6.800	2.100	13
MES	0.011	0.010	0.035	0.006	0.005	136

数据来源：根据前文指标计算所得。

从样本的描述性统计性质来看，我国商业银行净稳定融资比率目标水平（$NSFR_{i,t}^*$）均值为 1.390，不仅高于银监会 1.00 的要求，甚至高于美国商业银行 1.327 的平均目标水平（DeYoung & Jiang, 2016）。我国商业银行净稳定融资比率调整速度（$\lambda_{i,t}$）均值为 0.484，也高于美国商业银行 0.251 的平均水平。

二、实证回归结果及分析

根据前文实证研究设计，本书对净稳定融资比率的目标水平（$NSFR_{i,t}^*$）和净稳定融资比率（$\lambda_{i,t}$）的调整速度进行了因素分析。

（一）净稳定融资比率目标水平决定因素分析

根据前文研究设定，本书着重检验领导人与监管层重视程度、信用风险以及资本充足率是否是我国商业银行净稳定融资比率目标水平过高的原因。

1. 领导人与监管层重视程度

表4-6　*NSFR* 目标水平影响因素结果估计：重视程度

| | Panel：A | | Panel：B | |
| | OLS | | FE | |
	模型1	模型2	模型3	模型4
L.NSFR	0.667***	0.679***	0.393***	0.386***
	（22.87）	（23.18）	（10.10）	（9.43）
L.Freq	**0.005****	**0.023*****	**0.006*****	**0.017*****
	（2.32）	**（4.60）**	**（2.85）**	**（3.62）**
L.Equity		−0.000		−0.001
		（−0.61）		（−1.14）
L.LNTA		−0.002		0.092***
		（−0.22）		（2.59）
L.GDP		−0.000***		−0.000***
		（−3.65）		（−3.65）
L.Public		−0.038		0.011
		（−0.99）		（0.13）
L.ADZP		−0.001*		0.001
		（−1.95）		（0.41）
_cons	0.320***	0.148	0.669***	0.428***
	（4.34）	（1.61）	（8.50）	（4.11）
N	563	563	563	563
R2	0.4897	0.5122	0.1922	0.2187

注：表中下半部分给出了模型估计所用到的样本数和模型的可决系数。括号中报告的是稳健标准误调整后的 t 值，*、**、*** 分别表示在 10%、5%、1% 的显著性水平上显著，下同。

表4-6中给出了"领导人与监管层重视程度是否是我国商业银行净稳定融资比率目标水平过高原因"的检验结果。其中，Panel A 和 Panel B 分别为该效应检验的最小二乘估计（OLS）和固定效应模型（FE）估计。从模型1—模型4的估计结果来看，*L.Freq* 显著为正，说明领导人与监管层谈及"风险"的频率越高，银行的净稳定融资比率目标水平越高。基于上述实证分析结果，本书认为：近年来，领导人与监管层领导在不同的场合下反复强调要"牢牢守住不发生系统性金融风险的底线"，从而在银行监管上和舆论环境中营造了一种相对严厉的流动性风险监测与管理环境。严厉的环境使得银行非常重视自身流动性的管理，进而主动建立了较高水平的流动性缓冲。上述结论验证了中国银行业净稳定融资目标水平过高的"领导人与监管层重视程度假说"。

2. 信用风险

表4-7 *NSFR* 目标水平影响因素结果估计：信用风险

| | Panel：A | | Panel：B | |
| | OLS | | FE | |
	模型1	模型2	模型3	模型4
L.NSFR	0.675***	0.667***	0.386***	0.362***
	（22.44）	（21.95）	（9.58）	（8.50）
L.LLR	**0.016***	**0.017***	**0.035***	**0.032***
	（3.03）	**（3.13）**	**（4.61）**	**（3.92）**
L.Equity		−0.000		−0.001
		（−0.71）		（−1.62）
L.LNTA		−0.003		0.063
		（−0.28）		（1.65）
L.GDP		0.000		−0.000
		（0.42）		（−1.01）
L.Public		−0.038		0.006
		（−0.97）		（0.08）

	Panel：A OLS		Panel：B FE	
	模型1	模型2	模型3	模型4
L.ADZP		−0.001**		0.000
		（−2.08）		（0.21）
_cons	0.409***	0.457***	0.748***	0.668***
	（9.30）	（8.05）	（12.91）	（8.59）
N	533	533	533	533
R2	0.4979	0.5083	0.2137	0.2240

表4–7给出了"信用风险是否是我国商业银行净稳定融资比率目标水平过高原因"的检验结果。从模型1—模型4的估计结果来看，L.LLR显著为正，说明信用风险越高，银行的净稳定融资比率目标水平越高。上述实证结果验证了前文提出的中国银行业净稳定融资比率目标水平过高的"信用风险假说"。同时，结合中国商业银行近年来信用风险的变化特征，本书认为：2013年后，由于我国实体经济增长进入新常态，经济增长速度的放缓和企业2008年"四万亿"信贷投放的集中到期，商业银行的不良贷款余额和不良贷款率水平均由原来的"双降"转变为"双升"，商业银行的信贷风险明显抬头。为对冲未来信用风险所引发的流动性危机，银行设置了较高的净稳定融资比率目标水平。

3. 资本充足率

表4.8给出了"资本充足率水平是否是我国商业银行净稳定融资比率目标水平过高原因"的检验结果。从模型1—模型4的估计结果来看，L.CAR显著为正说明银行资本充足率越高其净稳定融资比率目标水平越高。结合前文提出的"资本充足率假说"，本书认为：银行的资本充足率与净稳定融资比率之间存在如下的逻辑关系：（1）巴塞尔协议Ⅲ颁布实施后，相比较于巴塞尔协议Ⅱ，新协议中巴塞尔委员会对全球银行业的资本充足率做出了新的要求，

各国银行为了使资本充足率满足监管要求对银行的资本金（Total Capital）和风险加权资产（Risk weighted assets，RWA）都进行了积极调整。调整过程中银行信用风险权重（0%,10%,20%,50%,100%）较低的资产（0%,10%）比率增大，而信用风险权重较低的资产很多都是流动性较好的资产[①]；（2）对于中国银行而言，监管层在巴塞尔协议Ⅲ上制定了更加严格的新资本充足率监管办法[②]。因此，银行在满足新资本充足率要求的同时，净稳定融资比率水平自然地跟着提高了，从而表现出银行资本充足率与净稳定融资比率目标水平之间正相关的关系。

表 4-8　*NSFR* 目标水平影响因素结果估计：资本充足率

| | Panel：A | | Panel：C | |
| | OLS | | FE | |
	模型1	模型2	模型3	模型4
L.NSFR	0.660***	0.646***	0.391***	0.348***
	（21.91）	（21.16）	（9.65）	（8.35）
L.CAR	**0.001***	**0.001****	**0.002***	**0.002***
	（1.77）	**（2.09）**	**（2.95）**	**（2.95）**
L.Equity		−0.000		−0.002*
		（−0.92）		（−1.85）
L.LNTA		0.000		0.105***

[①] 根据（原）中国银监会2013年10月11日发布《商业银行流动性风险管理办法（试行）》（征求意见稿）中关于"合格优质流动性资产"的构成和计算来看，资本监管规定中风险权重为0%的资产属于"一级资产"，风险权重为20%的资产属于"二级资产"。

[②] （原）中国银监会于2012年6月7日在2007年修订的《商业银行资本充足率管理办法》基础上，整合了2008—2010年发布的11个新资本协议实施监管指引发布了《商业银行资本管理办法（试行）》。新办法于2013年1月1日起正式施行，要求商业银行在2018年底前核心一级资本充足率、一级资本充足率和资本充足率逐步达到规定的7.5%、8.5%、10.5%，对于（原）银监会认定的系统重要性银行再额外增加1个百分点附加资本要求，即为8.5%、9.5%、11.5%监管要求，具体见附录B，表B.4。

续表

| | Panel: A | | Panel: C | |
| | OLS | | FE | |
	模型1	模型2	模型3	模型4
		（0.03）		（2.90）
L.GDP		0.000		−0.000
		（1.32）		（−1.46）
L.Public		−0.047		−0.001
		（−1.21）		（−0.01）
L.ADZP		−0.001		0.001
		（−1.52）		（0.29）
_cons	0.463***	0.465***	0.821***	0.650***
	（10.94）	（8.40）	（14.76）	（8.03）
N	511	511	511	511
R2	0.4934	0.5043	0.2064	0.2342

（二）净稳定融资比率调整速度决定因素分析

表4-9给出了我国商业银行净稳定融资比率调整速度（$\lambda_{i,t}$）的影响因素估计。其中，Panel A 和 Panel B 分别为该效应检验的最小二乘估计（OLS）以及固定效应模型（FE）估计。从估计结果来看，领导人和监管层讲话频率（L.Freq）的系数估计值不显著，而银行资金成本（L.Funding Cost）、银行增长计划（L.Growth Plain）系数显著为正，无风险利率期限利差（L.Yield Spread）、资本充足率（L.CAR）系数显著为负。上述结果说明：影响银行设置较高净稳定融资比率目标水平（NSFR）的重要因素（L.Freq）并不是银行加快净稳定融资比率调整的因素。我国商业银行净稳定融资比率的调整速度受银行资金成本、银行增长计划、无风险利率的期限结构以及资本充足率水平的影响。资金成本越高（L.Funding Cost）、增长计划（L.Growth Plain）越快、资本充足率（L.CAR）越低的银行，其净稳定融资比率的调整速度越快。无风

险利率期限结构（*L.Yield Spread*）估计系数显著为负说明无风险利率期限结构越陡峭时，长期资产收益率要高于短期资产收益率，银行出于资产收益率的角度考虑，将会用长期资产来替换资产池中的短期资产，调高资产池中长期资产的比率，调低短期资产的比率，从而在净稳定融资比率调整速度上呈现出一种放缓的趋势。

表 4-9　*NSFR* 调整速度影响因素估计

	Panel A	Panel B
	OLS	FE
L.FundingCost *GAPit−1	0.134***	0.132***
	（5.48）	（5.35）
L.YieldSpread*GAPit−1	−0.284**	−0.406***
	（−2.13）	（−3.06）
L.LNTA*GAPit−1	−0.114**	−0.007
	（−2.02）	（−0.09）
L. GrowthPlan*GAPit−1	0.202**	0.166**
	（2.46）	（2.16）
L.CAR*GAPit−1	−0.010***	−0.009***
	（−3.38）	（−3.01）
L.ABOVE*GAPit−1	−0.098	0.127
	（−0.83）	（0.77）
L.Branches*GAPit−1	0.018	−0.015
	（1.50）	（−0.94）
L.ASF*GAPit−1	−0.000	−0.000
	（−0.10）	（−0.49）
L.Public*GAPit−1	0.188	−0.148
	（1.04）	（−0.60）
L.M2R*GAPit−1	0.516	0.772
	（0.40）	（0.62）

	Panel A OLS	Panel B FE
L.Freq*GAPit−1	−0.003	0.021
	(−0.23)	(1.45)
GAPit−1	0.776	0.147
	(1.39)	(0.25)
N	338	338
R2	0.3157	0.4474

银行规模（*L.LNTA*）在净稳定融资比率目标水平估计中不显著，在净稳定融资比率调整速度的估计中系数显著为负，说明虽然在目标水平设置上大小银行不存在差异，但是在调整速度上大银行净稳定融资比率的调整速度更慢。

第四节　本章小结

近年来，随着我国银行业经营环境、业务模式、资金来源的变化，我国商业银行的资金来源稳定性、资产流动性和资产负债期限错配程度都呈现出了一些新的特征。本书采用中国银行业的微观数据对商业银行流动性风险的重要监测指标——净稳定融资比率（*NSFR*）进行研究，采用部分调整模型对各商业银行的净稳定融资比率目标水平和调整速度进行计算，结果发现：

第一，自巴塞尔委员会 2009 年、（原）银监会 2011 年提出净稳定融资比率最低水平要求后，我国商业银行加强了对流动性风险的管理，各银行的净稳定融资实际水平均要高于巴塞尔委员会和（原）银监会最低 100% 的要求。

第二，领导人与监管层的反复强调、商业银行不良水平的攀升与银行资本充足率水平的提高是我国商业银行设置较高净稳定融资比率目标水平的重要原因，而银行增长计划、资金成本过高、长短期利差缩窄是其积极调整净稳定融资比率的重要因素。

第五章 净稳定融资比率调整与系统性风险的外部性研究

由于金融机构行为的外部性，单个金融机构健康并不意味着整个金融系统势必安全（Borio，2003）。在中央对系统性风险防范愈发重视的前提背景下，净稳定融资比率的过快调整有没有引发系统性风险的隐患？从前文的估计值可知，我国 16 家商业银行均设置了相对较高的净稳定融资比率目标水平（$NSFR_{i,t}^{*}$）和相对平稳的净稳定融资比率调整速度（$\lambda_{i,t}$）。为进一步考察银行做上述两项调整时对其潜在的影响，本书从银行个体稳定性（ADZP）和系统性风险的银行边际贡献（MES）（Acharya et al.，2010）两个角度检验了如下判定：

银行设置过高的目标水平（$NSFR_{i,t}^{*}$）和较快的调整速度（$\lambda_{i,t}$）对银行风险是否有利。

本章首先将具体呈现净稳定融资比率目标、缓冲和调整速度随年份的动态变化。其次回顾系统性风险指标构造的文献。最后分析高目标和高调整速度对银行自身稳定性和系统性风险的影响。

第一节　净稳定融资比率相关指标的动态变化

根据前文实证分析结果，本书对中国 16 家上市银行的净稳定融资比率目标水平（ $NSFR_{i,t}^{*}$ ）、净稳定融资比率目标缓冲（ $NSFR_{i,t}^{TargetBuffer}$ ）及净稳定融资比率调整速度（ $\lambda_{i,t}$ ）进行如下动态分析。

一、净稳定融资比率目标水平及目标缓冲

图 5-1 给出了我国 16 家上市银行的净稳定融资比率目标水平（ $NSFR_{i,t}^{*}$ ）估计值（ $\widehat{NSFR_{i,t}^{*}}$ ）及净稳定融资比率目标缓冲估计值（ $\widehat{NSFR_{i,t}^{TargetBuffer}}$ ）的动态变化。结合前文净稳定融资比率实际值（ $NSFR_{i,t}$ ）和净稳定融资比率缺口（ $NSFR_{i,t}^{Gap}$ ）的估计结果来看，虽然 16 家银行的上述两项指标水平有波动，但目标水平（ $NSFR_{i,t}^{*}$ ）、目标缓冲水平（ $NSFR_{i,t}^{TargetBuffer}$ ）却一直在增加，上述动态结果与前文实证分析的结论也基本一致。

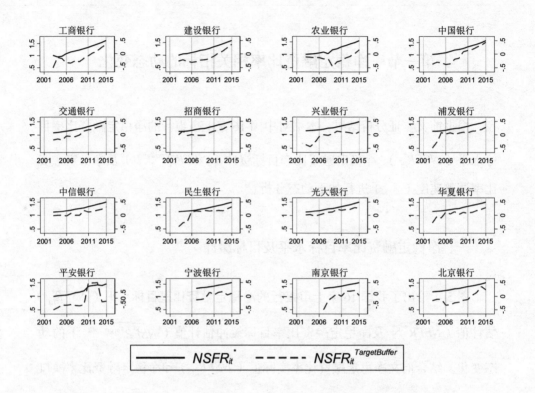

图 5-1 中国 16 家上市银行净稳定融资比率目标水平及目标缓冲

数据来源：作者计算，2017。

二、净稳定融资比率调整速度

图 5-2 给出了我国 16 家上市银行的净稳定融资比率调整速度估计值

（ $\widehat{\lambda_{i,t}}$ ）动态变化。结合图 5-1 的实证结果，本书发现与逐年增长的净稳定融

资比率目标水平（ $NSFR_{i,t}^{*}$ ）、净稳定融资比率目标缓冲（ $NSFR_{i,t}^{TargetBuffer}$ ）不同，

我国 16 家上市银行每年的净稳定融资比率调整速度（ $\lambda_{i,t}$ ）始终维持在一个

相对稳定的水平。

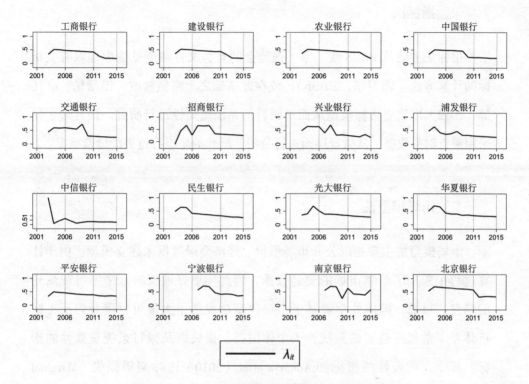

图 5-2　中国 16 家上市银行净稳定融资比率调整速度

数据来源：作者计算，2017。

第二节　系统性风险计量方法的介绍

　　巴塞尔协议流动性监管能否降低个体风险和系统性风险一直是学界关注的重点。在学术研究方面，金融危机后国内外学者对系统性风险和系统重要性这两方面展开了大量的理论和实证研究。在衡量系统重要性方面，学者们构造了许多指标，按计算所用数据分类可以分为指标法和市场模型法两大类（周强、杨柳勇，2014）。

一、指标法

指标法主要从 BCBS 或（原）银监会的有关文件和意见稿中提取有关指标的计算方法（郭卫东，2013b），或在此基础之上略做修改（巴曙松、高江健，2012）来建立指标模型从而对银行的系统重要性进行研究。该方法主要采用银行财务数据，从微观层面进行分析，反映的是银行过去的经营状况。

二、市场模型法

市场模型法主要是以公开市场股价、经济金融数据来建立模型。由于计算过程中采用了股票市场的交易数据，因此能更好地反映未来不可观测到的信息。目前，国内外学者基于市场模型法发展了大量可以度量银行（银行体系）危机所造成的系统性（个体银行）损失以及银行系统重要性的指标。其中，代表性的指标如 Acharya et al.（2010）边际期望损失（Marginal Expected Shortfalls, MES）[①], Banulescu and Dumitrescu（2015）成分期望损失（A Component Expected Shortfall, CES）[②], Brownlees and Engle（2016）的 SRISK 方法[③]。在上述指标基础上，Wei B et al.（2014a）采用 MES 作为银行系统性风险度量指标研究了银行合并对系统性风险的影响，发现银行业的整合会使得银行业的集中程度增加，竞争程度降低，银行系统性风险有所增加，从而验证了"集中 – 脆弱"假说[④]。Wei B et al.（2014b）进一步对导致系统性风险增加的因素进行了实证研究，发现所有的银行财务指标如规模、杠杆、非利息收

[①] 该指标能度量金融机构对系统性风险的边际贡献。

[②] 该指标能度量单个金融机构对金融危机的绝对风险贡献。

[③] 该指标从银行的期望资本短缺角度来研究系统性风险。

[④] "集中–脆弱"假说，也叫"concentration–fragility"假说。

入、信贷质量对银行系统性风险都没有持续的影响，而各国的一些宏观经济变量和管制差异反而会显著影响系统性风险的大小。范小云等（2011）运用MES指标考察了我国金融机构在美国次贷危机期间及前后对金融系统的边际风险贡献程度，发现边际风险贡献与杠杆率较高的金融机构在危机中边际风险贡献较大，且该效应存在周期性特征。朱波等（2016）采用CES的方法对我国2008—2014年14家上市银行系统性风险进行度量，并考察了非利息收入与系统性风险的关系，发现对于大银行而言非利息业务分散了系统性风险，对于小银行反而加大了系统性风险，所以信息披露质量的差异是这种非对称效应存在的原因。

近年来，随着分位数回归技术的发展，Adrian and Brunnermeier（2011）提出了条件在险值（CoVaR）的方法，该指标衡量了单个金融机构处于危机时，整个金融体系的在险值VaR。金融机构分别处于危机和正常状态下的条件在险值的差（ΔCoVaR）就构成了该机构对系统性风险的贡献。同时，利用该方法中的回归系数Beta也可以获得单个银行系统重要性的估计值。Girardi and Ergün（2013）、Calluzzo and Dong（2015）、郭卫东（2013a）、李明辉和黄叶苨（2017）运用该方法进行了实证研究。Girardi and Ergün（2013）利用该方法得出了与Adrian and Brunnermeier（2011）不一样的结论，认为个体的VaR与ΔCoVaR之间无论是横截面上还是时间序列上均存在很弱的相关关系。由于Girardi and Ergün（2013）并没有完全按照Adrian and Brunnermeier（2011）的方法来定义突发事件，因此结论的不同很可能是由于指标的差异造成的。Calluzzo and Dong（2015）用CRSP的数据研究了2005—2011年的金融机构风险的变化，发现金融危机后金融机构的个体风险变小，但是金融市场变得更加脆弱和紧密。郭卫东（2013b）运用该方法对中国14家上市银行2008年1月—2012年6月的数据进行研究，结果显示中国银行的系统重要性最高，建设银行、工商银行、交通银行、北京银行、中信银行次之，平安银行最低。

在系统性风险的因素分析上，López-Espinosa et al.（2012）采用全球的样本发现，银行间市场上的短期批发融资（short-term wholesale funding）是诱发系统性风险的重要原因。高国华和潘英丽（2011）采用我国 14 家上市银行 2002 年 11 月 13 日—2010 年 11 月 18 日的数据发现，银行的溢出风险 ΔCoVaR、自身风险 VaR 水平、不良贷款率以及宏观经济波动对预测银行系统性风险的边际贡献具有显著作用。李明辉和黄叶苨（2017）发现国有大型银行的条件在险值 CoVaR 和系统性风险溢出 ΔCoVaR 远高于股份制银行，规模和关联性是系统性风险溢出的重要解释变量。

国内其他学者，如严兵等（2013）采用多变量极值模型（EVT）、范小云等（2012）采用网络模型、巴曙松和高江健（2012）采用自建指数的方法、梁琪等（2013）采用 SRISK 方法、梁琪和李政（2014）采用 Shapley 值的方法对银行系统重要性都进行了类似研究，发现系统重要性与银行资产规模排名较为一致。

纵观现有国内外研究文献，金融危机后，尤其 BCBS（2011）发布系统重要性银行后，人们对于银行系统性风险、系统重要性的研究越发重视。学者们从不同的角度构建了大量的研究指标来对各国银行体系的系统性风险和各银行的系统重要性进行了广泛而深入的研究。各研究方法都有各自的理论假设前提和设定方法，指标在对数据的拟合程度上也各有优劣。

然而，与银行财务数据相比，运用股票收益率来计算系统性风险较为普遍，主要因为其具有三方面的优势：第一，银行财务数据反映其过去经营情况，而股价收益率具有前瞻性，反映的是市场对未来累积收益的预期。第二，按照现代资产定价的观点，股票价格是标的为公司资产的看涨期权的价格（Merton,1974），其本身就包含了公司的违约信息。第三，与基本面数据不同，股价数据具有简单、稳健、高频的特点，因此运用该数据构造有关指标能克服数据上的诸多局限性（陈忠阳和刘志洋，2013）。

文献梳理后，本书综合各方面因素的考虑，最终选用 MES（Acharya et al.，2010）来衡量未发生危机时，市场表现水平在 5% 以下水平时，单个金融机构对整个金融系统风险（或期望损失）的边际贡献。

第三节　净稳定融资比率调整目标对银行稳定性和系统性风险的影响

一、目标水平过高对银行是否有利？

表 5-1 中 Panel A 和 Panel B 分别给出了净稳定融资目标水平（$NSFR_{i,t}^*$）影响银行稳定性（ADZP）和系统性风险边际期望损失（MES）影响的估计结果。其中，OLS 为最小二乘估计，FE 为固定效应模型。

表 5-1　NSFR 目标水平（$NSFR_{i,t}^*$）与银行稳定性（ADZP）、系统性风险中的损失（MES）

	Panel A: ADZP		Panel B: MES	
	OLS	FE	OLS	FE
NSFR*	35.671***	5.766***	−0.017***	−0.015***
	（15.34）	（4.69）	（−5.70）	（−3.44）
LNTA	−0.748***	0.929***	−0.001*	−0.001
	（−3.93）	（9.80）	（−1.83）	（−1.57）
其他特征	控制	控制	控制	控制

续表

	Panel A: *ADZP*		Panel B: *MES*	
	OLS	FE	OLS	FE
N	819	819	136	136
R2	0.2675	0.2363	0.2346	0.2492

注：（1）括号中报告的是稳健标准误调整后的 t 值，*，**，*** 分别表示在 10%，5%，1% 的显著性水平上显著。为节约篇幅仅列示部分重要变量的实证结果。下同。

（2）参考 Acharya et al.（2010），本书使用边际期望损失（marginal expected shortfall）来度量银行系统发生损失时，单个银行 i 的期望损失，定义如下：$MES^i \equiv -E(r_i \mid R \leqslant -VaR_\alpha)$，其中 r_i 为银行个体的资产价格收益率，R 为银行系统的资产价格收益率，当银行在系统中份额为 y_i 时，$R = \sum_i y_i r_i$。MES^i 值越大，银行 i 在系统性危机中损失越大。由于数据样本限制，本书仅给出 95% 置信水平下银行系统损失时，银行 i 的个体损失。

从估计结果来看，商业银行设置较高的净稳定融资比率目标水平（$NSFR^*_{i,t}$）有利于增强银行自身的稳定性（ADZP），降低系统性银行危机发生时银行遭受的损失（MES）。

二、调整速度过快对银行是否有利？

净稳定融资比率目标水平（$\lambda_{i,t}$）对银行稳定性（ADZP）和系统性银行风险中的损失（MES）的影响估计结果分别见表 5-2 中 Panel A 和 Panel B。

表 5-2　*NSFR* 调整速度（$\lambda_{i,t}$）与银行稳定性（*ADZP*）、系统性风险中的损失（*MES*）

	Panel A: *ADZP*		Panel B: *MES*	
	OLS	FE	OLS	FE
λ	−2.722	−1.879**	0.015***	0.017***
	（−1.12）	（−2.57）	（4.63）	（4.57）
LNTA	−1.544***	1.087***	−0.000	−0.001**
	（−6.96）	（12.53）	（−0.35）	（−2.31）
其他特征	控制	控制	控制	控制
N	819	819	136	136
R2	0.0577	0.2193	0.1799	0.2979

从估计结果来看：商业银行设置较快的净稳定融资比率调整速度（$\lambda_{i,t}$）不仅不利于维持银行自身的稳定性（$ADZP$），还会增加单个银行在系统性风险中的损失（MES）。

第四节　结论与政策建议

商业银行较高的净稳定融资比率目标水平和稳健的调整速度将有利于银行保持稳定性、降低银行对系统性风险的冲击。

结合国内外相关学者研究，本书分析认为：未来我国商业银行流动性风险管理应着重建立三道流动性风险防范的"防火墙"，具体如表5-3所示。

表5-3　降低流动性风险的防火墙建设

	防火墙内容	紧急程度	建立的成本
第一道	银行的流动性缓冲	低	增加银行的长期经营成本，长期经营负担
第二道	完善银行信息披露	中	相对较低
第三道	继续完善"存款保险"制度建立并完善"银行破产清算"制度	高	相对较高

数据来源：作者整理。

（1）"第一道防火墙"，继续实施一定水平的"银行流动性缓冲"。该防火墙是我国商业银行目前正在大规模实施的，即自身构建的一定水平的净稳定融资比率缓冲，以应对银行的潜在流动性危机。结合已有的研究，本书认为：各商业银行自身建立净稳定融资比率缓冲虽有必要，但是如果超过合理水平，第一容易造成资源浪费，第二会增加银行的运营成本，造成银行长期经营负担较重，故"第二道防火墙"的实施必不可少。

（2）"第二道防火墙"，完善我国商业银行"信息披露制度"。Diamond and Kashyap（2015）提出一定的流动性缓冲必不可少，但如果无法将银行的真实流动性水平传递给公众，不仅会造成流动性浪费，还无法消除潜在挤兑者的担忧。当前我国商业银行信息披露质量差异巨大，部分银行的信息披露较为完善，大部分银行信息披露完善性较差、质量较低[①]。这不利于增强公众对银行风险管理水平和抵御潜在危机能力的认识，从而会产生很多误解、曲解，造成银行需要用很高的净稳定融资比率缓冲来防范银行挤兑风险，进而增加了银行的运营成本，加重银行的经营负担。因此，增强并完善我国商业银行的信息披露制度，改善公众对银行流动性风险管理的认识、了解，降低信息不对称所导致的潜在流动性危机显得非常必要，这也是成本最低的一道防火墙。

（3）"第三道防火墙"，继续完善"存款保险"[②]制度，建立并完善"银行破产清算"制度。建立该防火墙虽然短时间内会增加银行的运营成本，但是它的建设将银行所需承受的防范流动性危机的责任制度化、集约化。这有利于降低银行"流动性缓冲"过高所造成的经营负担，故也是防范系统性风险的最后一道防火墙。

---

① 信息披露质量低的主要原因是数据基础及信息系统建设滞后，无法全面满足巴塞尔委员会和（原）银监会更高层次的流动性风险管理需要（李文泓、徐洁勤，2014）。

② 我国在2015年2月17日已颁布《存款保险条例》并于2015年5月1日起施行。

第六章　监管套利、透明度与影子银行风险的理论模型构建

本章将首先阐述本书两大研究内容（表内和表外研究）之间的关系和银行表外理财产品的几种常见运营模式。总结出运作模式的一般规律后，本书将逐步构建理财产品的供给－需求模型，试图回答不断趋严的金融监管会对银行理财产品产生怎样的影响，以及提高透明度能否切实降低银行理财产品风险，遏制银行监管套利。理论模型的基本思想是：银行为理财产品的供给端，受监管和规模约束，其目标是最大化银行的表内外总净财富，最终做出有关理财产品利率－供给量的决策；投资者为理财产品需求端，根据理财产品的透明度和观测到的收益率来推断理财产品的真实风险，其目标是最大化自身的净收益，最终做出有关理财产品利率与需求购买量的决策。供给端和需求端共同决定出清的均衡利率与数量。

第一节　监管套利行为与银行表外理财产品业务的发展

本书第三章至第五章系统地论述了巴塞尔协议Ⅲ新流动性监管对传统商业银行的影响并进行了实证检验。从以上研究可以发现，商业银行表内业务

的融资成本和风险承担行为在新监管实施后受到了较大的影响。又由于信用风险攀升、资本充足率要求过严和领导人反复强调，商业银行一直积极地调整着自身的流动性水平。从理性人的思考角度出发，商业银行在监管高压下势必将产生监管套利行为（Pozsar et al., 2011 和 Schwarcz, 2012），这一点得到了国外和国内学界的普遍认同。而作为影子银行重要组成部分的银行表外理财业务也成了业界和学界的讨论对象。本书期望能全面地研究流动性监管对商业银行表内和表外风险的影响，所以仅仅研究表内业务的影响是不完整的。那么新监管要求究竟会不会引发表外业务的监管套利行为？如何治理才能缓解资金赎回带来的金融市场动荡？这些都是本书后半部分研究的问题。

基于此，本节首先阐述了监管套利研究的背景和意义，说明了本书跳出传统监管框架转而研究新监管环境下的表外理财业务的原因。其次本书将简单介绍几种典型的银行理财业务模式，厘清商业银行表外理财业务与影子银行的关系，并总结出一般性的经济学规律，为本章的理论模型的构建提供基础。

一、监管套利研究的背景与意义

2008 年国际金融危机表明，影子银行风险具有复杂性、隐蔽性、脆弱性、突发性和传染性，容易诱发系统性风险。2008 年金融危机爆发后，（原）中国银监会顺应国际最新监管改革趋势，发布了多条协议实施监管指引。习近平总书记在中共中央政治局第四十次集体学习时强调要加强金融监管，补齐监管短板，避免监管空白[①]。实际上，整顿混业经营，金融监管补短板已成为 2017 年的重要监管目标。长期以来一直处于监管缺位状态的影子银行系统，

---

① 《习近平主持中共中央政治局第十次集体学习》，新华社，2017年4月26日，http://news. xinhuanet.com/2016-04/30/c_1118778656.htm.

则是此次"金融监管补短板"的重中之重。

《国务院办公厅关于加强影子银行监管有关问题的通知》（以下简称"国办 107 号文"）首次官方地提出了我国影子银行的定义，认为我国影子银行系统主要包括三类：一是不持有金融牌照、完全无监督的信用中介机构，包括新型网络金融公司、第三方理财机构等；二是不持有金融牌照，存在监管不足的信用中介机构，包括融资性担保公司、小额贷款公司等；三是机构持有金融牌照，但存在监管不足或规避监管的业务，包括货币市场基金、资产证券化、部分理财业务等①。本书讨论的"影子银行部门"即为第三类：根植于正规商业银行与表内业务的本质实际上比较接近但又不受传统监管要求约束的表外理财业务。

虽然中国影子银行构成复杂，但大量政府智库报告以及学者研究都发现，中国影子银行的资金主要来源于传统商业银行，而银行理财产品是中国影子银行体系中最主要的组成成分，是规避信贷管制而产生的（李波、伍戈，2011；王淳力、李建军，2013），值得高度关注。

2017 年初开始，（原）银监会陆续提出整治"三违反""三套利""四不当"和防范"十大风险"，要求银行自查包括理财业务等在内的监管套利行为。《银行业金融机构"监管套利、空转套利、关联套利"专项治理工作要点》更是指出"监管套利是银行业金融机构通过违反监管制度或监管指标要求来获取收益的套利行为"，并要求严查银行利用理财产品规避信用风险指标、资本充足指标、流动性风险指标等行为。并且，证监会也出台了针对委外定制基金的相关规定，严防理财产品资金流入风险较高的股票市场。

但让监管层始料未及的是，银行理财产品监管多管齐下之后，国有大行、

---

① 银行理财业务包括以结构性存款为代表的表内理财业务和非保本理财的表外理财业务，表内理财业务仍然受到银保监会、人民银行等部门监管，所以不在本书讨论内。

股份制银行、城商行等各类银行纷纷赎回委外资金并波及券商、资管和基金，引发了 2017 年 4 月整个金融市场的动荡。这也迫使监管层不得不面临一个问题：如何既能加强银行理财产品的监管，又能避免政策"加杠杆"导致的市场动荡。因此我们有必要寻找一种在不导致银行资金快速收缩，影响市场流动性的前提下降低风险的监管方法。2017 年 3 月，（原）银监会主席郭树清提出治理银行理财产品问题应当从提高资管产品的透明度入手，通过缩短金融产品链条的方式，使得所谓"影子银行"去掉"影子"，减少一些隐藏于其他形式的资金，"逐步让理财产品公开透明"[①]。2018 年 4 月 27 日中国人民银行联合银证保监会和国家外汇管理局联合发布的《关于规范金融机构资产管理业务的指导意见》（以下简称"资管新规"）及 9 月 28 日银保监会颁布的《商业银行理财业务监督管理办法》（以下简称"理财新规"）对理财产品信息披露的要求便沿用了这一思路。

那么提高理财产品透明度会不会导致银行资金快速收缩？能不能在不影响市场流动性的前提下降低风险？这些均是本章的研究重点。

二、从会计视角看中国商业银行表外理财业务本质

目前以理财产品为典型代表的第三类影子银行先在表内通过同业通道业务将信贷资金隐藏在同业科目，而表外理财产品的成立直观上是将客户存款转到表外，实际上对于整个金融体系而言，是将隐藏的同业资产和投资资产一起移出表外。本节将通过案例的方式阐明理财产品的本质——"银行的影子"运作模式及其影响和驱动因素。

[①] 《国新办就银行业支持供给侧结构性改革有关情况举行发布会》，新华社，2017 年 3 月 2 日，http://www.xinhuanet.com/talking/20170302z/index.htm.

（一）表内业务中的"银行的影子"

"银行的影子"本质上是信贷业务，只是将信贷掩盖在同业拆放、买入返售承兑汇票、买入返售信托受益权等同业科目或"可供出售金融资产"以及"应收类投资"等投资资产，同时负债方贷记企业存款，即产生信用的同时派生货币，与普通信贷业务派生信用和货币的方式无异。但是与影子银行不同的是，部分"银行的影子"是不需要出表的，往往以投资的名义实现贷款的发放，因此这一模式又被称为"投资渠道"。"投资渠道"简单来说是A银行通过买入非存款类金融机构（如信托、资管公司）发行的资管产品向企业放款。

常见的"投资渠道"模式有两种，第一种是买入信托受益权一类，在这种模式下银行A将贷款掩盖在投资资产科目下，如"投资信托份额""投资特定目的载体"，并不增加表内贷款额度，却实现了向企业放款的业务。

表 6-1　"投资渠道 – 信托受益权"运作流程

银行A				信托B计划（SPV）			
（表内T0）				（表内T0）			
贷款	900	存款	900	……		……	
（表内T1）				（表内T1）			
贷款	900	存款	900	……		……	
投资信托份额	+100	企业C存款	+100	企业C贷款（或债券）	+100	信托募集	+100

另一种得到广泛运用的"投资渠道"是保险协议存款，该渠道主要是为了改善月末或者季末的存款考核指标。商业银行之所以要在月末或者季末设置存款考核指标，其原因有两个，第一是"存贷比"考核的时点就是月末。第二是央行和银保监会对于银行实行"窗口指导"的一个重要依据，是银行的月末时点数据。比如对贷款规模的限制，对一线重要监管指标的考核，其

计算基数都是来源于月末或者季末时点数据。换句话说，商业银行要想多放贷，最简单易行的办法就是在月末提高通常性存款基数。由于目前我国非存款类金融机构同业存款算作通常性存款，而同业拆借则不算作通常性存款，因此，出现保险协议存款这种利用非存款类金融机构的同业存款进行资金批发的操作。由此可见，商业银行通过该渠道间接降低自身存贷比压力，进而增加信贷规模。

如表 6-2 所示，商业银行 A 将 100 元理财资金直接投资保险资管机构设立保险资产管理计划，并持有到期；而保险公司以资管计划的名义将这 100 元资金存入资金需求行 B，以此作为保险协议存款。出资银行 A 同时指定存款利率和期限，保险公司或保险资管公司在业务交易中仅起到通道作用。换句话说，商业银行 B 可以通过保险协议存款从银行 A 进行 100 元的资金批发，以此完成存款考核指标；而银行 A 也获得了部分利润。

表 6-2 "投资渠道 – 保险协议存款"运作流程

银行A				保险资产管理计划			
（表外T0）				（表内T0）			
......		......		......		......	
保险协议存款	+100	理财产品	+100	现金	+100	保险协议存款	+100
保险资产管理计划				银行B			
（表内T1）				（表内T1）			
......		......		......		......	
存放在银行B的存款	100	保险协议存款	100	现金	+100	来自保险资管计划存款	+100

"非银同业渠道"是指银行 A 在拆放 100 元资金给非银机构 B 后，B 将这

100 元资金贷款给企业 C 的渠道，非银 B 作为通道只是增加了一笔同业拆借业务，而 A 在其自身贷款量没有变化的情况下将 100 元资金融资给了企业 C，并且同业拆借的拨备水平要远低于商业银行贷款的拨备水平（如表 6-3 所示）。因此通过这一模式下，银行 A 可以规避贷存比监管要求的同时，缓解自身拨备监管压力。当银行面临流动性监管压力（如贷存比），以及较高的拨备监管压力（比如自身已经产生较高的呆坏账率时），银行可以通过此手段调节部分指标。

表 6-3　"非银同业渠道"运作流程

银行A			非银B（通道）		
（表内T0）			（表内T0）		
贷款	900	存款　900	……		……
（表内T1）			（表内T1）		
贷款	900	存款　900	……		……
同业拆出	+100	同业存入　+100	同业存放　+100	同业拆入	+100
（表内T2）			（表内T2）		
贷款	900	存款　900	……		……
同业拆出	100	企业C存款　100	委托贷款　100	同业拆入	100

（二）中间业务中的"银行的影子"

"银行的影子"也存在于商业银行中间业务当中，由于中间业务指那些没有列入资产负债表，但同资产业务和负债业务关系密切，并在一定条件下会转为资产业务和负债业务的经营活动。因此部分中间业务虽然记在表外，但依旧会消耗银行资本。中间业务中的"银行的影子"的典型是"银行同业渠道"，指的是银行 A 通过银行 B 向企业 C 提供 1000 元资金，银行 A 将代替企业 C 还款的承诺记在表外，贷款业务隐藏在银行 B 的同业资产如"买入返售银行承兑汇票"下，同时负债方贷记企业 C 单位存款增加 1000 元，从而派生存款。等到企业 C 还款时，银行 A 向银行 B 回购承兑汇票。由于开票人是银行 A，所以资金实际还是由银行 A 提供的，只是由于承诺记在表外，A 的资产负债规模和结构均未发生变化。在这一模式下，银行 A 成功规避了贷存比监管要求，并且开具银行承兑汇票对资本的消耗也小于普通商业贷款，拨备要求也更低，因此银行 A 的资本消耗和拨备监管压力得到了一定程度的缓解。其运作流程如表 6-4。

表 6-4 "银行同业渠道"运作流程

银行A			银行B（通道）		
（表内T0）			（表内T0）		
贷款	1000	存款 1000	贷款	900	存款 900
（表内T1）			（表内T1）		
贷款	1000	存款 1000	贷款	900	存款 900
无变化		无变化	买入返		
（表外T1）			售银行	+100	存款 +100
承兑汇票		+100	承兑汇票		

　　由于属于中间业务，会产生或有负债，因此会消耗银行资本。但是承兑汇票业务对于资本的消耗要远小于普通企业贷款。为方便读者理解，本书假设企业 B 希望从商业银行 A 处获得 1000 万元的资金。银行可以自由选择传统贷款模式或者银行承兑汇票的模式。如果企业 B 通过银行承兑汇票的方式获得该笔资金，在该种模式下，企业 B 同意向银行 A 缴纳保证金 200 万元，提供 300 万元存单、100 万元国债、100 万元的银行债券、100 万元的铁道部债券作为抵押，剩余部分则提供一般企业担保。而商业银行则需要计提 10 万元的减值准备。两种放款模式在资产负债表上记录如表 6-5。

表 6-5　两种放款模式的比较

传统贷款模式			利用银行承兑汇票为企业B融资		
（表内T1）			（表内T1）		
……	……		……	……	
			银行承兑汇票		
			计提	10	
			保证金	200	
对企业B的贷款	1000	存款　1000	存单	300	存款　1000
			政府债券	100	
			银行债券	100	
			铁道部债券	100	
			一般企业担保	190	
……	……		……	……	

在商业银行传统贷款模式下，根据《商业银行资本管理办法》第六十三条：商业银行对一般企业债权的风险权重为100%，也就是说如果商业银行给企业提供的贷款在扣除风险准备金后需要全部算作风险资产，因此计提的风险资产为1000万。

但是商业银行如果通过银行承兑汇票的方式对企业提供融资，商业银行则需要根据该表外项目交易主体或担保主体风险权重，确定相应风险权重所对应的账面金额。其中保证金、存单、我国政府债券的风险权重为0%；铁道部发行的债券的风险权重为20%；商业银行的债券的风险权重为25%；一般企业担保的风险权重为100%，因此该笔业务仅产生235万元的风险资产。

商业银行开展承兑汇票业务的风险资产计提结果如表6-6，不难看出银行通过承诺买入返售银行承兑汇票的方式为企业提供融资，可以有效降低自身风险资产规模，进而应对资本约束。即当银行面临较大的流动性和资本监管要求时，银行可以通过该模式改善自身流动性及资本状况。

表6-6　商业银行开展承兑汇票业务的风险资产计提

项目	金额	风险权重	风险加权资本
银行承兑汇票			
计提	10	0%	0
保证金	200	0%	0
存单	300	0%	0
政府债券	100	0%	0
银行债券	100	20%	20
铁道部债券	100	25%	25
一般企业担保	190	100%	190
合计	1000		235

但对于前文所述影子银行系统的另外两种渠道，即非银同业渠道和保险协议存款渠道而言，由于《商业银行资本管理办法》第六十二条规定"商业银行对我国其他金融机构债权的风险权重为100%"，因此非银行渠道和投资渠道中的保险协议存款模式都不能起到减少资本消耗的目的。

（三）表外业务中的"银行的影子"

表外业务中的"银行的影子"则属于真正意义上的"影子银行"。商业银行往往通过理财产品实现资金的出表，将风险权重较高资产转移至表外，并将表内资产置换为低风险权重的方式，达到降低风险资产，应对资本约束考核的目的。换句话说，商业银行可以通过理财产品的方式将高计提比率的风险资产转移出表，仅在表内保留计提比率较低的风险资产，从而达到满足资本监管要求。更重要的是，商业银行通过发行理财产品还可以突破准备金约束和贷存比限制，实现信用的扩张。

1.准备金约束条件下的理财产品发行与信用扩张

本书以例子来阐述表内资产如何通过理财产品出表。在前文的基础上假定法定准备金率为20%，超额准备金率为10%，以"投资渠道"为例，简化版的资产负债表如表6-7。

表 6-7　T1 时期银行 A 资产负债

银行A（表内T1）			
贷款	900	存款	1000
投资信托份额	100		
法定准备金	200	权益	300
超额准备金	100		

现假设银行 A 成立金额为 200 的理财产品 D，则产品起始日（T2）时，200 存款出表，同时 100 单位信托受益权和 100 单位原有贷款打包出表，这时法定准备金为 160，超额准备金上调 40。这时资产负债表为表 6-8。

表 6-8　T2 阶段银行 A 表内外资产负债

银行A（表内T2）			
贷款	800	存款	800
投资信托份额	0		
法定准备金	160	权益	300
超额准备金	140		
银行A（表外理财产品D T2）			
贷款	100	理财实收本金	200
投资信托份额	100		

由于超额准备金 140>800×10%，所以银行 A 又可以继续发放贷款直至到达自定的超额准备金下限，长期均衡状态下（T3）资产负债表如表 6-9。不难看出，法定准备金的存在限制了商业银行存款的扩张，但是商业银行可以利用理财产品无限扩张自身信用，并完全不受法定准备金约束。

表6-9　T3时期银行A资产负债

银行A（表内T3）			
贷款	1000	存款	1000
法定准备金	200	权益	300
超额准备金	100		

2.贷存比约束条件下的理财产品发行与信用扩张

以上讨论的是不存在贷存比约束条件下的情况，假设出现70%的贷存比约束，法定准备金率依旧为20%，超额准备金率为10%，仍然以"投资渠道"为例，简化版的资产负债表如表6-10。

表6-10　存贷比约束条件下T1时期银行A资产负债

银行A（表内T1）			
贷款	700	存款	1000
投资信托份额	300		
法定准备金	200	权益	300
超额准备金	100		

现假设银行A成立金额为200的理财产品D，则产品起始日（T2）时，200存款出表，受到贷存比限制，140单位原有贷款以及60单位原有的投资信托份额打包出表。这时法定准备金为80，超额准备金上调120。这时资产负债表为表6-11。

表6-11　存贷比约束条件下T2阶段银行A表内外资产负债

银行A（表内T2）			
贷款	560	存款	800
投资信托份额	240		
法定准备金	160	权益	300
超额准备金	140		

银行A（表外理财产品D T2）		
贷款	140	理财实收本金　　　　　200
投资信托份额	60	

由于超额准备金 140>800×10%，所以银行 A 又可以在不超出存贷比约束条件下继续发放贷款并购买投资信托产品直至到达自定的超额准备金下限。商业银行长期均衡状态下（T3）资产负债表如表 6-12。不难看出，贷存比约束的存在和法定准备金一样也只能限制商业银行扩张存款，但并不会对商业银行利用理财产品扩张信用产生任何影响。

表 6-12　存贷比约束条件下 T3 时期银行 A 资产负债

银行A（表内T3）		
贷款	700	存款　　　　　　　　1000
投资信托份额	300	
法定准备金	200	权益　　　　　　　　　300
超额准备金	100	

事实上，在实际操作中根据是否有托管行资质，银行还可以继续划分托管银行和非托管银行。现实业务中，非托管行其表外理财产品资产池将被添加到托管行的表内资产负债表上，但由于托管账户划归在科目"境内特定目的载体公司存放"下，同样不用向人民银行缴纳存款准备金，所以，这样不仅不会影响自身表内的资产扩张和结构，也完全不影响托管银行的业务发展。而托管银行发行的理财产品是在表外建账，同样不影响表内资产规模和结构，该规律依然有效。这也是为什么理财产品规模野蛮发展的原因——不受法定存款准备金的约束。

三、一般经济学规律

从以上资产业务由表内到表外的过程可以发现：受监管压力影响，每家银行的贷款规模、风险资本计提都有限制，因此银行有非常迫切的需求控制规模、压缩风险资产。风险资产表外化既包括银行自身存量风险资产的出表，也包括以不入表方式直接新增或购买他行的风险资产。而银行之所以出表不外乎表外风险和规模不受监管控制。基于此背景，本书在第七章建立了有关银行监管套利和影子银行风险（表外理财）的理论模型，并加入透明度这一因素，试图寻找能够缓解监管套利造成的过度影子银行风险承担的方法。

第二节　理财产品供给端模型建立

2008年金融危机爆发后，（原）中国银监会顺应国际最新监管改革趋势，发布多条新资本协议实施监管指引，全面规范对银行业的资本监管。2011年，（原）银监会借鉴巴塞尔委员会最新标准，将流动性覆盖率（*LCR*）和净稳定资金比例（*NSFR*）两个新流动性监管标准纳入非现场监测。2012年正式出台中国版巴塞尔协议Ⅲ，提出了严于国际标准的资本充足率要求[①]。2014年修订印发《商业银行流动性风险管理办法》，确立流动性覆盖率、存贷比、流动性比例三项流动性风险监管指标，分别对银行信贷供给、表内流动性创造、资产池结构进行了限制，建立了多维度的流动性风险监测分析框架及工具。

虽然这些监管措施一定程度上抑制了银行从事高风险投资的可能，但也导致了银行惜贷的行为，客观上减少了银行的可贷资金。在这样的背景下，

---

① 要求系统重要性和非系统重要性银行在2018年前实现资本充足率分别不小于11.5%和10.5%。

本书基于 Monti–Klein 框架，构建了理财产品供给端模型。在我国，银行的业务主要包括表内传统业务和表外理财产品业务两大块，假设银行的效用函数为 CARA（constant absolute risk aversion）形式，即 $U(\tilde{W}) = -e^{-\gamma \tilde{W}}$。

$$\tilde{W} = \tilde{r}_L L - r_D D + (\beta \tilde{r}_{wmp} + \tilde{r}_\varepsilon) A .$$

其中，$\tilde{W}$ 为银行净财富，L 为传统贷款业务，D 为存款，A 为理财产品的标的资产，亦为发行的理财产品规模。$\tilde{r}_L$ 为贷款利率，$\tilde{r}_L \sim N(r_L, \sigma_L^2)$；$r_D$ 为存款利率；$\tilde{r}_{wmp}$ 是理财产品投资标的的收益率，本书假定理财融资全部投向表外资产标的；$\tilde{r}_\varepsilon$ 服从正态分布且与 $\tilde{r}_{wmp}$ 相互独立，$\tilde{r}_\varepsilon \sim N(\overline{r}_\varepsilon, \sigma_\varepsilon^2)$ 代表了银行因为理财信息不透明而获得的监管套利收益。β 则反映了银行的议价能力，即银行能从理财产品资金投资收益中抽取的比例，β 越大，银行议价能力越强，从中抽取的收益越多。在我国，国有大型银行的议价能力要强于中小银行，因此 β 也可以作为衡量银行异质性的代理变量。

所以银行的目标是最大化效用函数：

$$\max_{L,D,A} - \exp \left\{ -\gamma \left[r_L L - r_D D + (\beta \overline{r}_{wmp} + \overline{r}_\varepsilon) A \right] + \frac{\gamma^2}{2} Var(\tilde{W}) \right\} \tag{1}$$

假定 α 为受到监管后银行的惜贷程度，银行的监管压力越大，α 越小，银行惜贷行为更加严重，因此有约束 1：

$$L \leqslant \alpha D \qquad\qquad \text{约束 1}$$

同时市场上可投资标的有限，银行的表内外业务总量一定，即银行规模不能无限扩张，假设 T 为可投项目总规模，有约束 2：

$$A + L \leqslant T \qquad\qquad \text{约束 2}$$

由于 $r_L > r_D$，所以约束 1 收紧（binding）。即 $L = \alpha D$，表内所有可用资金都会投放到各类资产业务中，直到没有项目可以投为止。最大化问题（1）简化为：

$$\max_{L,A} - \exp\left\{-\gamma\left[(r_L - \frac{r_D}{\alpha})L + \left(\beta\overline{r}_{wmp} + \overline{r}_\varepsilon\right)A\right] + \frac{\gamma^2}{2}Var\left(\tilde{W}\right)\right\} \quad (2)$$

s.t.

$$A + L \leq T \quad (3)$$

从（2）式可以看到，每单位表内资金的成本 $\frac{r_D}{\alpha}$ 随着监管的上升（α 下降）而上升，因为资金的成本不仅包括存款利率，还包括比例为 $1-\alpha$ 的资金由于受监管而无法进行风险 – 回报的投资。同时银行能够获取的收益与银行的议价能力相关，β 越大，银行从理财产品中获得的收益就越大，效用就越高。对于相同的资产组合，银行的效用随着风险厌恶程度的上升而下降。资产的风险 $Var\left(\tilde{W}\right)$ 越大，效用越低。令 $Var\left(\tilde{W}\right) = qL^2 + p\beta^2A^2 + sA\beta L$。$q = \sigma_L^2$，$p = \sigma_{wmp}^2 + \frac{1}{\beta^2}\sigma_\varepsilon^2$，$s = 2\text{cov}\left[\tilde{r}_L, \tilde{r}_{wmp} + \frac{1}{\beta}\tilde{r}_\varepsilon\right]$，为表内表外的联合风险，求解方程可得理财产品的供给函数：

$$\text{supply} = A^* = \frac{T\left(q - \frac{s\beta}{2}\right)\gamma - \left(r_L - \frac{r_D}{\alpha}\right) + \beta\overline{r}_{wmp} + \overline{r}_\varepsilon}{\left(\beta^2p + q - s\beta\right)\gamma} \quad (4)$$

根据（4）式对 A^* 分别求 $\overline{r}_{wmp}$、γ、α 和 $\beta\overline{r}_{wmp}$ 偏导以得到

$$\frac{\partial A}{\partial\overline{r}_{wmp}} = \frac{\beta}{\left(\beta^2p + q - s\beta\right)\gamma} \quad (5)$$

$$\frac{\partial A}{\partial\gamma} = \frac{\left(r_L - \frac{r_D}{\alpha}\right) - \beta\overline{r}_{wmp}}{\left(\beta^2p + q - s\beta\right)\gamma^2} \quad (6)$$

$$\frac{\partial A}{\partial\alpha} = \frac{-\left(\frac{r_D}{\alpha^2}\right)}{\left(\beta^2p + q - s\beta\right)\gamma} \quad (7)$$

$$\frac{\partial A}{\partial\overline{r}_\varepsilon} = -\frac{1}{\left(\beta^2p + q - s\beta\right)\gamma} \quad (8)$$

由于方差矩阵是正定矩阵，所以 $\beta^2 p + q - s\beta > 0$ [1]，进而 $\dfrac{\partial A}{\partial r_{wmp}} > 0$，即理财产品平均投资回报越高，银行越有动机发行理财产品。由于表外的期望利润率略高于表内贷款业务，所以（6）式分子大于零，$\dfrac{\partial A}{\partial \gamma} < 0$，即银行的风险厌恶程度越高，表外扩张冲动越低。同理 $\dfrac{\partial A}{\partial \alpha} < 0$ 也成立，即表内监管趋严，表外理财产品规模更大。从（8）式中可以发现 $\dfrac{\partial A}{\partial r_\varepsilon} > 0$，说明对于银行而言，银行若能通过理财产品的信息不透明获取更多收益的话，商业银行就更有动力发行理财产品。

第三节　理财产品需求端模型建立

借鉴 Stein（1989）、Scharfstein & Stein（1990）、Hermalin & Weisbach（2007）的信号模型，假设投资者和银行间存在信息不对称，只有银行资产管理部门清楚理财产品的真实投资收益情况 $\tilde{r}_A$，同时投资者还需要与银行对理财产品资金的投资收益进行分成，投资者获取 $1 - \beta$ 部分的投资收益。因此投资者能观测到的收益率为理财收益分成和噪声 $\tilde{\epsilon}$ 组成：

$$\tilde{X} = (1 - \beta)\tilde{r}_{wmp} + \tilde{\epsilon} \tag{9}$$

假设资产收益率和噪声均服从正态分布且相互独立，$\tilde{\epsilon} \sim N(0, \ \epsilon^2)$。噪声的波动率 ϵ^2 越高，信息不透明度越高，投资者可观测收益率的不准确

---

[1] $\beta^2 p + q - s\beta = \beta^2 \left(\sigma_{wmp}^2 + \dfrac{1}{\beta^2} \sigma_\varepsilon^2 \right) + \sigma_L^2 - 2\mathrm{cov}\left[\tilde{r}_L, \beta\tilde{r}_{wmp} + \tilde{r}_\varepsilon \right] = \mathrm{Var}\left(-\tilde{r}_L, \beta\tilde{r}_{wmp} + \tilde{r}_\varepsilon \right)$，为资产组合 $\left(-\tilde{r}_L, \beta\tilde{r}_{wmp} + \tilde{r}_\varepsilon \right)$ 的方差，故为正定。

性相对越高，对产品的信任度也越低。根据独立正态分布的性质，$\tilde{X} \sim N\left((1-\beta)\bar{r}_{wmp},(1-\beta)^2\sigma_{wmp}^2\right)$。

投资者观测到 $\tilde{X}$ 时会推断真实收益率期望 $E[\tilde{r}_{wmp}|\tilde{X}]$ 和方差 $Var\left[\tilde{r}_{wmp}|\tilde{X}\right]$。根据贝叶斯更新法则（Bayesian updating Rule），投资者更新信念后可以得到：

$$E\left[(1-\beta)\tilde{r}_{wmp}|\tilde{X}\right] = \frac{\epsilon^2(1-\beta)\bar{r}_{wmp}+(1-\beta)^2\sigma_{wmp}^2\tilde{X}}{(1-\beta)^2\sigma_{wmp}^2+\epsilon^2}$$

$$Var\left[(1-\beta)\tilde{r}_{wmp}|\tilde{X}\right] = \frac{(1-\beta)^2\sigma_{wmp}^2\epsilon^2}{(1-\beta)^2\sigma_{wmp}^2+\epsilon^2}$$

假设投资者关于理财产品的期望效用函数为期望 – 方差形式，$U = E\left[\tilde{r}_{wmp}|\tilde{X}\right] - \rho_i Var\left[\tilde{r}_{wmp}|\tilde{X}\right]$。由于投资者总是对高安全性和高流动性资产具有无弹性且大量的需求（Greenwood et al., 2010; Krishnamurthy & Vissing-Jorgensen, 2012），本书假定投资者对于存款的需求是无限的，完全由银行的供给决定。所以风险厌恶成本为 $\rho_i Var\left[(1-\beta)\tilde{r}_{wmp}|\tilde{X}\right]$。假定投资者的风险厌恶程度 ρ_i 具有异质性且均匀分布，$\rho_i \sim U[0,1]$。ρ_i 越小，风险厌恶越小，风险带来的负效用越少。由于资产具有可替代性，假设只有当理财产品的净收益超过特定水平时，即决定理财产品总需求量的边际投资者的净收益当且仅当满足 $E\left[(1-\beta)\tilde{r}_{wmp}|\tilde{X}\right] - \rho_i Var\left[(1-\beta)\tilde{r}_{wmp}|\tilde{X}\right] = R_f$ 时，投资者才会购买该理财产品。该边际投资者的风险厌恶程度为：

$$\rho_i^* = \frac{E\left[(1-\beta)\tilde{r}_{wmp}|\tilde{X}\right] - R_f}{Var\left[(1-\beta)\tilde{r}_{wmp}|\tilde{X}\right]} \tag{10}$$

即给定 $E\left[\tilde{r}_{wmp}|\tilde{X}\right]$，只有风险厌恶 ρ_i 低于 ρ_i^* 的投资者才会购买理财产品。假定投资者拥有可投资金量 M，则理财产品的总需求为：

$$\text{Demand} = \rho_i{}^* \text{M} = \left[\frac{1}{(1-\beta)\sigma^2}\overline{r}_{wmp} + \frac{1}{\epsilon^2}\tilde{X} - \frac{(1-\beta)^2\sigma^2 + \epsilon^2}{(1-\beta)^2\sigma^2\epsilon^2}\text{R}_f\right]\text{M} \qquad (11)$$

关于（11）求 $\overline{r}_{wmp}$、ϵ^2 的偏导可得

$$\frac{\partial \text{Demand}^*}{\partial \overline{r}_{wmp}} = \frac{\text{M}}{(1-\beta)\sigma^2} \qquad (12)$$

$$\frac{\partial \text{Demand}^*}{\partial \epsilon^2} = -\frac{\tilde{X} - \text{R}_f}{\epsilon^4}\text{M} \qquad (13)$$

$$\frac{\partial \text{Demand}^*}{\partial (1-\beta)} = \frac{M}{\sigma^2}\left[\frac{2\text{R}_f}{(1-\beta)^3} - \frac{\overline{r}_{wmp}}{(1-\beta)^2}\right] \qquad (14)$$

$\dfrac{\partial \text{Demand}^*}{\partial \overline{r}_{wmp}} > 0$ 恒成立，表明当投资人从理财产品最终获取的收益率越高，投资者对理财产品的需求越高。由于非危机的一般情况下，（13）式中银行给出的信号 $\tilde{X}$ 高于无风险收益率 R_f，否则没人愿意购买，所以 $\dfrac{\partial \text{Demand}^*}{\partial \epsilon^2} < 0$ 恒成立。这说明不透明程度越高，投资者对理财产品的需求越低。（14）式中，$\text{R}_f < \overline{r}_{wmp}$ 恒成立，因此 $\dfrac{\partial \text{Demand}^*}{\partial (1-\beta)} = $

$\dfrac{M}{\sigma^2}\left[\dfrac{2\text{R}_f}{(1-\beta)^3} - \dfrac{\overline{r}_{wmp}}{(1-\beta)^2}\right] > \dfrac{M\overline{r}_{wmp}}{\sigma^2(1-\beta)^2}\left[\dfrac{2}{(1-\beta)} - 1\right] > 0$ 恒成立。这说明投资者的议价能力越强，获取的投资收益比例越高，对理财产品的需求也越高。

第四节 均衡分析

在市场出清的条件下，会得到市场上最终确立的对于理财产品平均收益率以及理财产品规模的均衡解。联立（4）和（11）式可以求得（$\hat{r}_{wmp}, \hat{A}$）

$$\hat{r}_{wmp} = \frac{\left[T\left(p - \frac{s\beta}{2}\right)\gamma - \left(r_L - \frac{r_D}{\alpha}\right) + \overline{r_\varepsilon}\right](1-\beta)\sigma^2 + \left[\frac{(1-\beta)^2\sigma^2 + \epsilon^2}{(1-\beta)\epsilon^2}R_f - \frac{(1-\beta)\sigma^2}{\epsilon^2}\tilde{X}\right](\beta^2 p + q - s\beta)\gamma M}{(\beta^2 p + q - s\beta)\gamma M - (1-\beta)\beta\sigma^2}$$

$$（15）$$

$$\hat{A} = \frac{\left[\left[T\left(p - \frac{s\beta}{2}\right)\gamma - \left(r_L - \frac{r_D}{\alpha}\right) + \overline{r_\varepsilon}\right](1-\beta) - \frac{(1-\beta)^2\sigma^2 + \epsilon^2}{(1-\beta)\epsilon^2}R_f + \frac{(1-\beta)\sigma^2}{\epsilon^2}\tilde{X}\right]M}{(\beta^2 p + q - s\beta)\gamma M - (1-\beta)\beta\sigma^2}$$

$$（16）$$

由（15）（16）式可得，$\hat{r}_{wmp}$ 是 α 的减函数，ϵ^2 的增函数，$\overline{r_\varepsilon}$ 的增函数；$\hat{A}$ 是关于 α 和 ϵ^2 的减函数，$\overline{r_\varepsilon}$ 的增函数。

从（15）、（16）式可知，监管压力变大（α 下降）将会导致更高的理财产品发行规模和产品标的资产收益率，因为监管压力增加的时候，银行不得不更多地通过开展表外业务来抵补受监管约束而未能被发放的贷款资产所造成的损失。除此之外，监管压力越大，表内贷款的成本 $\frac{r_D}{\alpha}$ 越高，为弥补损失，表外理财产品的利率将更高，所要承担的超额风险越高。

信息不透明度 ϵ^2 对于商业银行理财产品规模和风险的影响则需要分开进行讨论。一方面不透明度对理财产品规模的影响极其有限，从（16）式中可以发现，（16）式分子大括号内的前半部分远大于后半部分，而不透明度 ϵ^2 仅出现在后半部分，所以 ϵ^2 对于商业银行理财产品均衡规模的影响可以忽略不计。

另一方面不透明度 ϵ^2 对于理财产品风险的影响十分显著。首先，ϵ^2 越高，投资者对理财产品质量的评估越不准确，边际投资者的风险厌恶程度会下降，投资者对理财产品的需求会下降。同时，投资者需要更高的回报率来弥补不确定性造成的效用的损失，所以理财产品的风险也会上升。其次，银行透明度越低，银行更容易通过各类资管计划（包括券商、基金、信托、保险、期货等）违规转让等方式实现不良资产非洁净出表或虚假出表，人为调节监管指标，所以银行对理财产品的供给会上升。最后透明度越低，银行相对于投资者更具有项目私有信息的优势，其资产标的的收益率可以更高，对应的理财产品的利率及风险也会上升。

综上所述，各参数对均衡数量和利率的影响机制总结如表 6–13 所示。

表 6–13 供给 – 需求模型的机制

变量		作用机制	Q^*	$\bar{r}_{WMP}{}^*$
监管力度↑		1.表内资产的机会成本变高 2.资产的表外溢出效应更高	↑	↑
透明度↑	供给端 r_A↓	1.更不容易人为调节监管指标，监管套利的动机下降 2.资金流向披露更清晰，私有信息优势带来的收益下降	↓	↓
	需求端 ϵ^2↓	1.投资者评价越准确，要求的风险补偿越低 2.边际投资者的风险厌恶程度上升，需求总量上升	↑	↓

基于此，本书提出了如下可供检验的假设：（1）监管套利假说。银行受到的监管压力越大，就越有扩张表外理财产品业务进行监管套利的动机；并且其表外理财产品业务风险也越高。具体来说就是贷存比监管压力越大，流动性监管压力越大，资本监管压力越大，银行越有动机从事高风险影子银行活动。（2）信息不对称假说。信息不对称程度的提高不一定会增加理财产品的均衡规模，但是会导致银行出于监管套利的动机采取过度影子银行风险承担的行为。

第七章　流动性监管套利、透明度与影子银行风险的实证检验

本章对第六章的理论模型进行了实证检验，结果表明监管套利是商业银行大力扩张表外理财业务的动因之一。银行的表内监管压力越大，越有扩张表外理财产品业务的监管套利动机，表外理财产品业务风险也越高；当监管要求发生或严或松的变化时，监管套利对表外业务扩张和风险承担行为的影响会相应发生变化；银行透明度和产品透明度的提高能够缓解监管压力导致的影子银行过度风险承担行为，且长期不会抑制银行理财产品业务的发展。最后，本书为监管层识别商业银行监管套利行为和缓解过度风险承担的问题提出了建议。

第一节　实证设计与准备

本书在控制银行层面、宏观层面数据的条件下，用商业银行的监管压力对理财产品的季度发行数量和风险进行回归。监管压力越大，发行数量和风险越高，则验证了监管套利假说。不透明度越强，理财产品的发行数量的变化不明显，但是风险却提高了，则验证了信息不对称假说。除了检验本书的

理论假说以外，本书在实证检验中还加入监管压力与银行不透明度的交乘项。若表内和表外的不透明度会加剧监管套利对理财产品风险的影响，而对影子银行扩张冲动调节效应不明显的话，则回答了本书最初的问题，增加透明度将是我国商业银行理财产品的重要监管手段。下面将依次说明本书的数据来源、回归模型构建方法和变量选择。

一、数据来源

银行理财产品从 2003 年才开始起步的。当时，中国银行推出了"汇聚宝"外汇理财产品，明确使用了"理财产品"的名称，这也是国内第一次使用"理财产品"的名称。2004 年，光大银行推出了我国第一款人民币理财产品"阳光理财 B 计划"。此后，外币、本币的银行理财产品开始在我国金融市场繁荣起来。

本书搜集了 2006 年至 2016 年中国境内所有理财产品数据，共计 427 213 条。数据包含理财产品的名称、发行单位、风险、收益率、发行日期、计息日期、时间长度、规模、币种等基本信息。银行层面数据主要来源于 CSMAR 国泰安数据库，涵盖了 2006 年到 2015 年 240 家银行历年的财务数据。将理财产品数据与 CSMAR 数据库的银行信息数据进行匹配后，共获得覆盖了 126 家银行的 26 万条样本。宏观经济层面数据包括国家房地产景气指数、季度 GDP 增长指数和货币投放量 M1，这些数据主要来自中经网数据库以及国家统计局。

由于各家银行在上报监管机构时并没有统一模板，因此各家银行理财产品的数据缺漏情况十分严重。这导致本书在涉及影子银行风险部分的实证检验中，能够计算使用的理财产品样本只有 24 410 个。但是披露程度越高的理财产品，资金运用更加透明，风险相对更低，银行也更加自律。这实际上弱化了外部监管的作用，强化了内部控制的作用。倘若这些银行都会出现显著的监管套利行为，那么不透明的银行应更有动机通过扩张影子银行规模和提高影子银行风险来进行监管套利。这使得本书的结论更具有说服力。所以本书即便存在样本选择问题，结论也只会更强而非更弱。

二、回归模型建立

本书使用固定效应面板回归解决不可观测的银行个体特征所可能带来的内生性问题，同时还控制了时间效应。根据假设本书设立以下四组回归模型：

$$IssueNumber_{i,t} = \alpha_0 + \alpha_1 Pressure_{i,t} + \alpha_2 control_{i,t} + \epsilon_{i,t}$$

$$ShadowRisk_{i,j,t} = \beta_0 + \beta_1 Pressure_{i,t} + \beta_2 Pressure_{i,t} \times Regulation_{i,t} + \beta_3 Regulation_{i,t} + \beta_4 control_{i,t} + \epsilon_{i,j,t}$$

$$IssueNumber_{i,t} = \gamma_0 + \gamma_1 Pressure_{i,t} + \gamma_2 Pressure_{i,t} \times Opaque_{i,t} + \gamma_4 Opaque_{i,t} + \gamma_4 control_{i,t} + \epsilon_{i,t}$$

$$ShadowRisk_{i,j,t} = \theta_0 + \theta_1 Pressure_{i,t} + \theta_2 Pressure_{i,t} \times Opaque_{i,t} + \theta_3 Opaque_{i,t} + \theta_4 control_{i,t} + \epsilon_{i,j,t}$$

其中，$IssueNumber_{i,t}$ 为银行 i 在时间 t 发行的理财产品总数量，代表表外扩张冲动。$ShadowRisk_{i,j,t}$ 为调整后的理财产品的风险加成，衡量影子风险承担行为。$Pressure_{i,t}$ 向量包含流动性监管指标（NSFR）、银行存贷比指标（LTDR）、资本充足率指标（CAR）和核心一级资本充足率指标（Tier1 CAR）。$Regulation_{i,t}$ 向量包含以上银行监管指标要求发生变化的时间哑变量。$Opaque_{i,t}$ 为银行 i 在时间 t 时的不透明度。$control_{i,t}$ 为控制变量向量。具体的含义如下：

（一）被解释变量

表外理财产品扩张冲动（$IssueNumber_{i,t}$）：本书采用银行每个季度发行的理财产品数量相对于资产的值来衡量影子银行扩张的代理变量。理财产品是银行参与影子银行体系，进行监管套利的重要渠道，发行的理财产品数量可以较好地反映银行的参与程度。考虑到以月度为单位波动过大，而以年度为单位样本量过小，最终选择每季度发行的理财产品数量。除以银行资产则是为了消除银行规模对于理财发行数量的影响（理财产品的样本绝大多数来自五大国有银行以及十六家股份制银行）。

影子银行风险承担（$ShadowRisk_{i,j,t}$）：调整后的理财产品风险加成。商业银行在发行理财产品时一般会披露银行的预期收益率、最低认购金额、计划管理期限等指标。基准利率越高、期限越长、流动性越低、风险等级越高，则产品利率越高。本书还控制了宏观因素（GDP 增长率、工业价格指数 PPI、房地产景气指数 Real Estate Index）、年度因素及银行所有制因素。本书认为该回归方程的残差可以捕捉不能被定价因素解释的超额预期收益率，即该理财产品的风险。

（二）解释变量

监管压力指标（$Pressure_{i,t}$）：包含流动性监管指标（$NSFR$）、银行存贷比指标（$LTDR$）和资本监管指标（资本充足率 CAR、核心一级资本充足率 $Tier1\ CAR$）。$NSFR$ 指标越低说明其流动性错配程度越高，流动性监管压力越大。$LTDR$ 越高说明其越接近 75% 的存贷比监管要求警戒线，其贷款发放上限压力越高，存贷比监管压力更大；CAR 和 $Tier1\ CAR$ 指标越低，说明其资本缓冲越少，资本监管压力更大；$NSFR$ 指标为巴塞尔协议Ⅲ[①] 提出的商业银行长

[①] 《第三版巴塞尔协议：流动性风险计量标准和监测的国际框架》。

期监管指标。本书预期，各项监管压力越大，影子银行扩张（$IssueNumber_{i,t}$）和风险承担（$ShadowRisk_{i,j,t}$）将越大。

监管要求变化（***Regulation$_{i,t}$***）：当（原）银监会对监管要求的严厉程度进行调整时，本书预期银行出于监管套利的动机采取过度影子银行风险承担的行为会被削弱或加强。对应三大监管项目，本书根据其监管力度的调整时间设置三个哑变量。流动性监管哑变量（$NSFRdummy$），将 2011 年 4 月 27 日之后的样本取 1，其余取 0，并预期 $NSFR$ 流动性监管实施后，银行监管套利的动机更强，理财产品风险更高。回归结果由于存贷比和资本监管哑变量与时间固定效应存在较强的多重共线性问题，所以被 Stata 自动忽略。存贷比监管哑变量（$LTDRdummy$），将 2009 年 1 月 10 日之后的中小银行样本取 1，其余取 0，并预期存贷比监管要求的放松将降低监管压力对影子银行风险承担的边际贡献。资本监管哑变量（$CARdummy$），将 2012 年 1 月 1 日之后的样本取 1，其余取 0，并预期资本监管力度的加强将激励银行从事风险更高的理财产品活动。

不透明度指标（***Opaque$_{i,t}$***）：本书采用两种不透明度指标，即银行不透明指标和表外不透明指标。（1）银行不透明指标（$opaque\_bank$）。由于银行业自身的特殊性质，导致银行业的透明度指标计算与其他行业并不相同。对于传统行业而言，其透明度的计算主要是通过两种方法：操作性应计应收项目来衡量的公司盈余管理程度和分析师盈余预测准确度。而银行性质特殊，主要是使用以下两种方式衡量透明度：操作性不良贷款拨备和财务信息更正频率。考虑到我国上市的银行只有 16 家，因此使用分析师对银行盈余预测的准确度作为代理指标覆盖的样本较少、时间也过短，而且中国商业银行几乎不存在财务报表更正的情况。因此本书参考 Bushiman et al.（2015）、Jiang et al.（2016）和 Flannery and Nimalendran（2004），利用不良贷款拨备的调整模型计算银行的盈余披露质量，用来衡量银行的（不）透明度。[①]该模型基本思想是在控制各项因素后，银行的不良贷款拨备偏离正常水平的程度（绝对值）越高，其通过不良拨备水平来调整银行账面盈余的行为越明显，银行透明度越差。具体操作方法为进行控制了年度固定效应的全行业不良贷款拨备（LLP）因素的稳健标准差回归（robust standard error），取残差绝对值衡量与正常拨备的偏离程度。使用的因素包括不良贷款率（NPA）、资本利润率（ROE）和银行资产对数（lnasset）。$Opaque\_bank_{i,t}$越高，透明度越低。（2）表外不透明指标（$opaque\_off$）。考虑到各家银行理财产品信息的披露程度并不相同，很显然披露了更多信息的理财产品的透明度更高，因此本书利用每家银行理财产品披露信息的平均缺漏程度作为表外理财产品透明度的代理变量。具体来说，本书观察理财产品是否包含合作类型、预期年收益率下限、预计最高年收益率、收益获取方式、保本比率、保证收益、业务模式、投资对象、是否结构性、是否可质押、提前赎回权和流动性这几样理财产品关键信息的披露情况，如果披露记为0，否则记为1；然后统计每家银行每年披露的所有理财产品的平均披露程度，该指标$Opaque\_off_{i,t}$越高，透明度越低。本书预期不论是表内还是表外，随着银行不透明度的上升，银行的扩张不一定上升，但会加剧风险承担行为。

控制变量（$control_{i,t}$）：包含银行层面、宏观层面的变量。其中银行层面的变量包括资产规模的对数（lnasset）、不良贷款率、成本收入比例（业务及管理费用／营业收入），分别用以控制规模效应、银行风险和经营效率。宏观层面变量包括 GDP 季度增长率、国房景气指数和货币供应量 M1，分别用以控制经济形势、房地产热度和货币宽松程度对理财产品数量和风险的影响。

---

① 具体回归方程为：$LLP_{i,t} = \mu_0 + \mu_1 L.LLP_{i,t} + \mu_2 D.NPA_{i,t} + \mu_3 NPA_{i,t} + \mu_4 ROE_{i,t} + \mu_5 Tier1CAR_{i,t} + \mu_6 L.\ln(asset)_{i,t} + i.year + \epsilon_{i,t}$，其中 L 和 D 分别为滞后和差分算子。

各变量定义如下：

表 7-1　变量定义

		被解释变量
理财产品扩张冲动	$IssueNumber_{i,t}$	银行每个季度发行的理财产品数量相对于资产的值
影子银行风险承担	$ShadowRisk_{i,j,t}$	调整后的理财产品风险加成，具体操作见上文
		解释变量
监管压力指标 ($Pressure_{i,t}$)	NSFR	流动性监管指标，预期符号为—
	LTDR	银行存贷比指标，预期符号为+
	CAR	资本充足率，预期符号为—
	Tier1 CAR	核心一级资本充足率，预期符号为—
监管要求变化 ($Regulation_{i,t}$)	NSFR dummy	流动性监管哑变量，将2011年4月27日之后的样本取1，其余取0
	LTDR dummy	存贷比监管哑变量，将2009年1月10日之后的中小银行样本取1，其余取0
	CAR dummy	资本监管哑变量，将2012年1月1日之后的样本取1，其余取0
透明度指标	Opaque_bank	银行的不良贷款拨备偏离正常水平的程度（绝对值），反映银行表内的透明度，具体操作见正文
	Opaque_off	银行理财产品的缺漏程度，反映银行表外的透明度，具体操作见正文
		控制变量
银行层面	lnasset	资产规模的对数
	NPL_ratio	不良贷款率
	Efficiency	成本收入比例（业务及管理费用／营业收入）
宏观层面	RGDP_q	GDP季度环比增长率
	Estate_index	月度国房景气指数
	M1	月度货币投放量

第二节　实证结果及分析

一、描述性统计

表 7-2　描述性统计

Variable	Obs	Mean	Std.Dev.	Min	Max
Residual	24,110	−0.006	0.592	−5.172	8.491
IssueNumber	1,813	127.600	251.000	1.000	3227.000
NSFR	235	1.174	0.226	0.005	2.206
LTDR	215	63.560	8.809	34.400	76.420
CAR	235	12.720	1.707	8.840	18.840
Tier1 CAR	232	10.510	1.890	6.560	18.170
Opaque_bank	136	0.004	0.005	0.000	0.051
Opaque_off	126	3.373	1.424	0	8
Asset	235	22800	45600	121	222000
NPL_ratio	235	1.182	0.564	0.110	4.780
Efficiency	235	33.450	6.921	18.460	68.320
M1	80	283316	62731	126258	400953
Estate_index	80	98.39	4.238	92.43	106.6
RGDP_q	29	109	2.326	106.8	115

　　流动性监管指标（NSFR）方面样本均值为 1.174，值得注意的是在对银行分类别观察后发现，除城商行和农商行外，其他类别银行均未达到均值水平（未列出），侧面说明我国地方中小银行投资策略相对保守，业务相对单一。存贷比指标（LTDR）方面，全样本均值为 63.56%，符合 75% 的存贷比要求。

资本充足率指标方面（包括资本充足率以及核心资本充足率），样本的资本充足率表现非常好，其中资本充足率均值为 12.72%，而核心资本充足率则高达 10.510%。如此高的资本充足率主要是因为我国银行业在 1990 年代曾经经历过严重的呆坏账，导致我国对于银行资本充足率非常重视，并要求严格控制不良贷款。不良贷款率（NPL_ratio）相对较低，与我国银行业较为严格的不良贷款控制有关。对于透明度而言，Efficiency 反映成本收入比例，均值为 33.45。透明度指标方面，银行透明度的均值为 0.004，并且最大值与均值十分接近，说明银行透明度都较高，且差距不大；但是银行表外透明度指标均值为 3.373，最小值为 1，最大值为 8，说明银行自愿进行披露时，各银行之间披露意愿差距较大。在对银行分类别观察后发现，无论是银行自身透明度还是表外透明度，最高的都是国有控股大型商业银行，最低的是农商银行，这与国有银行的系统重要性大、受到的关注高、信息披露更完整、监管更加频繁有关，与直觉也相符合。

二、回归结果

（一）监管套利与影子银行扩张和风险

1. 监管套利与影子银行扩张

表 7-3 的被解释变量为影子银行扩张冲动，即银行每个季度发行的理财产品数量相对于资产的值。从（1）、（5）、（6）的结果可以看出，理财产品发行的数量与流动性监管指标（NSFR）呈显著负相关关系，NSFR 指标越低说明其表内稳定融资越低、流动性错配程度越高、流动性监管压力越大。而表外理财产品业务通常期限较短，银行可以通过滚动融资、构建资金池的方式

给中长期项目进行融资，将表内流动性转移至表外，规避（原）银监会的监管。从表 7-3 的（2）、（5）、（6）列回归结果可以看出，理财产品发行的数量与银行存贷比指标（*LTDR*）呈显著正相关关系。这说明 *LTDR* 越高，其贷款发放上限压力越高，其满足 75% 的存贷比监管要求的压力就越大。受存贷比指标与流动性监管指标的压力，银行不得不扩大其表外业务规模，导致了理财产品发行量的上升。（3）~（6）可以看出，银行理财产品的风险与银行资本充足率（*CAR*）、核心资本充足率（*Tier1 CAR*）呈显著负相关关系，这主要是由于银行资本充足率（*CAR*）、核心资本充足率（*Tier1 CAR*）指标越低，其资本缓冲越少，资本监管压力更大。银行为应付资本充足率的监管，与其降低风险加权资产总量，不如绕道通过影子银行进行投资，增加理财产品的发行数量。

从控制变量 lnasset 可以看出，银行规模越大，其相对发行的理财产品数量越多。其中的原因可能包括投资者对高回报资产的需求上涨，而大型银行的客户群体本身比较庞大，所以发行的数量也相应上升。表内营业业务效率的系数为负，说明当银行表内业务效率下降时，其更有动机通过资产管理业务创造利润，这也从侧面证明理财产品与表内业务的替代关系。M1 的系数为正说明货币供应量越大，发行的理财产品数量越大。我国一直存在银行有钱不敢贷、企业缺钱借不到的怪相。而这些不敢贷出的资金很大一部分就被认为流入了影子银行体系。M1 与理财产品发行数量为正，实际上为这种说法提供了有力证据。

所以表 7-3 结果验证了本书的监管套利假说：银行的监管压力越大，就越有扩张表外理财产品业务的监管套利动机。

表 7-3　监管套利与影子银行扩张

	被解释变量：影子银行扩张冲动					
	（1）	（2）	（3）	（4）	（5）	（6）
NSFR	−0.353**				−0.163	−0.119
	−2.52				−1.10	−0.79
LTDR		0.016***			0.013**	0.011*
		2.93			2.26	1.93
CAR			−0.050***		−0.039***	
			−4.99		−3.77	
Tier1 CAR				−0.046***		−0.036***
				−4.54		−3.38
lnasset	0.092	0.276*	−0.142	−0.188	0.076	0.023
	0.72	1.85	−1.06	−1.36	0.49	0.14
NPL_ratio	−0.065	−0.098*	−0.067	−0.05	−0.093*	−0.079
	−1.31	−1.79	−1.36	−1.01	−1.69	−1.44
RGDP_q	0.004	0.001	0.004	0.005	0.001	0.003
	0.11	0.04	0.11	0.11	0.03	0.07
M1	0.000***	0.000***	0.000***	0.000***	0.000***	0.000***
	5.62	5.65	5.71	5.84	5.73	5.81
Estate_index	−0.009	−0.009	−0.01	−0.01	−0.009	−0.011
	−0.41	−0.40	−0.45	−0.48	−0.44	−0.50
Efficiency	−0.056*	−0.652***	−0.049*	−0.049*	−0.562***	−0.551***
	−1.94	−5.67	−1.70	−1.70	−4.81	−4.66
_cons	−26.836***	−32.127***	−20.698***	−19.703***	−26.259***	−25.039***
	−6.05	−6.52	−4.53	−4.19	−5.11	−4.78
个体效应	YES	YES	YES	YES	YES	YES
年度效应	YES	YES	YES	YES	YES	YES
adj. R2	0.302	0.335	0.309	0.306	0.341	0.336
N	1764	1637	1760	1739	1633	1616

注1：括号内为 t 统计量，未加负号的均取统计量的正数，下同。

注2：$p < 0.1$，**$p < 0.05$，***$p < 0.01$，下同。

2. 监管套利与影子银行风险承担

影子银行中暗藏的风险除了其庞大的规模外，价格方面的异常收益率也值得被关注，而更高的超额收益率往往意味着银行更高的风险承担。从表 7-4 第 1 列 -6 列回归的 *LTDR*、*NSFR*、*CAR*、*Tier1 CAR* 的系数可知，监管套利不仅会导致表外理财产品业务的迅速扩张，还会提高产品的超额收益率，加剧银行的风险承担。

表 7-4 的第 5、6 列回归结果显示，存贷比指标与政策的交乘项（*LTDR_ x*）系数显著为负。第 1 列中 *LTDR_x* 系数虽然不显著，但依旧为负。这说明 2009 年 1 月 10 日（原）银监会放松了对中小银行的存贷比外部监管要求，降低了这些银行的监管压力，进而降低了监管套利动机对银行风险承担的边际贡献，从而进一步验证了监管套利假说。

表 7-4 的第 2、5、6 列回归中 *NSFR* 与流动性监管哑变量交乘项的系数为正，与预期相反，这可能是因为 2011 年 4 月 27 日发布的《中国银监会关于中国银行业实施新监管标准的指导意见》并没有受到业界的重视，从而削弱了监管套利动机对银行表外风险承担的边际效应。

Tier1 CAR 与资本监管哑变量的交乘项系数显著为负，而 *CAR* 与资本监管哑变量交乘项不显著。这可能是因为相较于巴塞尔协议Ⅱ，巴塞尔协议Ⅲ和"中国版巴塞尔协议Ⅲ"的重点主要放在对核心一级资本充足率的调整和实施上，而总资本充足率最低要求仍然维持在 8% 不变。所以当核心一级资本充足率要求提高时，银行资本监管压力外生变大，从而开辟表外业务规避监管，开出更高的预期收益率以吸引投资者投资的动机越大。为了实现预期收益率的承诺，银行不得不匹配风险更高的项目以回收资金，从而增加了银行的风险承担。此处结果验证了监管套利假说。

以上回归系数显示，银行监管压力越大，商业银行的表外理财产品业务风险越高。外部监管要求外生变严或放松，银行的监管套利动机将上升或下降，银行的表外风险承担也随之上升和下降，从而验证了本书的监管套利假说。

表 7-4 监管套利、监管压力和影子银行风险承担

	被解释变量：影子银行风险承担					
	（1）	（2）	（3）	（4）	（5）	（6）
NSFR	−1.053**				−0.608	−0.781
	−2.01				−1.16	−1.47
NSFR_x	1.465***				1.114**	1.255**
	2.8				2.12	2.37
NSFRdummy	−0.672				−0.359	−0.501
	−1.18				−0.63	−0.87
LTDR		0.006***			0.010***	0.010***
		2.63			3.79	3.94
LTDR_x		−0.001			−0.006*	−0.007**
		−0.43			−1.86	−2.06
CAR			−0.048***		−0.036**	
			−2.91		−2.12	
CARx			−0.015		−0.024	
			−0.95		−1.49	
Tier1dummy			0.496**	0.605***	0.588***	0.669***
			2.37	3.58	2.73	3.83
Tier1 CAR				0.008		0.026
				0.47		1.54
Tier1_x				−0.030*		−0.039**
				−1.89		−2.37
lnasset	0.742***	0.985***	0.448***	0.671***	0.594***	0.834***
	13.62	15.17	7.04	9.76	8.15	10.39
NPL_ratio	0.221***	0.229***	0.215***	0.231***	0.172***	0.182***

续表

	（1）	（2）	（3）	（4）	（5）	（6）
	\multicolumn{6}{c	}{被解释变量：影子银行风险承担}
	10.84	10.62	10.48	11.01	7.94	8.27
RGDP_q	0.211***	0.157***	0.163***	0.166***	0.163***	0.165***
	10.58	7.68	8.01	8.18	7.64	7.71
M1	−0.000***	−0.000***	−0.000***	−0.000***	−0.000***	−0.000***
	−16.06	−15.20	−16.03	−15.92	−15.82	−15.65
Estate_index	−0.051***	−0.051***	−0.053***	−0.052***	−0.049***	−0.049***
	−11.04	−10.78	−11.48	−11.31	−10.52	−10.32
Efficiency	0.012***	0.007***	0.006***	0.009***	0.009***	0.010***
	6.05	4.01	1.53	3.15	3.35	4.83
_cons	−36.729***	−38.251***	−23.515***	−30.656***	−27.792***	−35.030***
	−14.34	−13.67	−8.43	−10.67	−9.02	−10.95
个体效应	YES	YES	YES	YES	YES	YES
年度效应	YES	YES	YES	YES	YES	YES
adj. *R2*	0.035	0.023	0.031	0.027	0.039	0.035
N	24110	22800	24110	24099	22800	22798

控制变量 lnasset 系数为正，说明规模越大的银行其理财产品风险越高。不良贷款率系数为正，也从侧面说明了表内的监管压力越高，其表外风险行为越激进。

上述结果表明，外部监管力度越大，银行监管压力越大，商业银行的表外理财产品业务风险越高。外部监管力度放松，银行监管套利动机下降，可以缓解银行的表外风险承担行为。从而验证了监管套利假说。

（二）透明度、监管套利假说与影子银行扩张和风险

1. 银行透明度、监管套利与影子银行扩张及风险

从前文理论机制（表6–1）可知，信息透明度下降对均衡产品规模的影

响取决于供给端和需求端两种效应的相对大小，但对风险承担的影响一定为正。

从表 7–5Panel A 中的 *Opaque_bank* 系数可知，当银行财务透明度下降（*Opaque_bank* 变高）时，银行扩张理财产品规模的动机并不稳定。当加入所有变量时，第 5 列和 6 列的回归系数甚至不再显著。但表 7–5 的 Panel B 中 *Opaque_bank* 系数显著为正 [①]，说明当银行财务透明度下降时，投资者对理财产品安全性的质疑将推高边际投资者的预期收益率，最终加剧理财产品的风险承担。所以这一结果验证了信息不对称假说。

当我们加入监管指标与财务透明度的交乘项来关注财务透明度对监管套利边际效应的影响时，一方面，从 Panel A 回归结果第 2、3、4 列可以看出，*NSFR* 和总资本充足率、一级核心资本充足率的交乘项系数显著为负，第 5、6 列回归中各系数虽不再显著但方向不变，说明财务透明度的降低会加剧表外理财业务的扩张冲动。另一方面，Panel B 风险承担的回归结果中第 5 列和 6 列显示 *LTDR*、*NSFR*、*CAR* 和 *Tier1 CAR* 与 *Opaque_bank* 的交乘项系数均为负，说明银行财务透明度的降低会加剧存贷比、流动性和资本充足率考核压力对于银行出于监管套利的动机而增加理财产品风险承担的边际影响。

除此之外，与表 7–3 一样，表 7–5 Panel A 资本充足率（*CAR*）、核心资本充足率（*Tier1 CAR*）与风险呈显著负相关关系，与存贷比指标（*LTDR*）保持显著正相关关系。进一步验证了监管套利假说。

---

① 只有第2列回归的*Opaque_bank*系数为负，原因可能是变量缺失问题，所以本书的结论主要基于加入全部样本的第5和第6列回归的结果。

表 7-5　监管套利、表内透明度和影子银行扩张与风险 [①]

	Panel A：被解释变量：影子银行扩张					
	（1）	（2）	（3）	（4）	（5）	（6）
Opaque_bank	192.863**	−126.526*	69.914*	21.34	5.606	13.486
	2.56	−1.82	1.81	0.77	0.03	0.08
NSFR	0.085				−0.206	−0.119
	0.21				−0.41	−0.24
NSFR_ Opaque_ bank	−164.835**				−46.93	−68.103
	−2.51				−0.56	−0.82
LTDR		0.004			−0.001	0.002
		0.44			−0.06	0.15
LTDR_Opaque_ bank		2.165*			2	1.519
		1.87			1.27	0.97
CAR			−0.021	0		
			−1.04	0.02		
CAR_Opaque_ bank			−5.454*	−5.920*		
			−1.70	−1.76		
Tier1 CAR				−0.035*		−0.016
				−1.82		−0.73
Tier1_Opaque_ bank				−1.74		−2.682
				−0.62		−0.92
_cons	−42.865***	−35.928***	−33.888***	−34.154***	−33.218***	−33.440***
	−5.64	−3.95	−4.39	−4.40	−3.59	−3.62
adj. R2	0.241	0.312	0.235	0.234	0.316	0.315
N	945	865	945	941	865	861

[①]　控制变量结果与前一节结果无差异，囿于篇幅限制不再展示。

	（1）	（2）	（3）	（4）	（5）	（6）
Panel B：被解释变量：影子银行风险承担						
Opaque_bank	−139.489***	181.045***	13.903	29.298**	332.214***	340.699***
	−6.08	10.12	0.84	2.43	5.09	5.02
NSFR	0.145				0.968***	1.084***
	1.2				4.51	4.77
NSFR_opaque_ bank	121.584***				−17.283	−82.574**
	6.04				−0.41	−1.97
LTDR		0.006*			−0.007*	−0.002
		1.68			−1.83	−0.40
LTDR_opaque_ bank		−3.041***			−3.873***	−3.778***
		−10.15			−8.10	−7.50
CAR			−0.061***		−0.104***	
			−7.01		−9.27	
CAR_opaque_ bank			−1.226		−7.350***	
			−0.87		−4.06	
Tier1 CAR				−0.056***		−0.078***
				−6.28		−7.10
Tier1_opaque_ bank				−3.303**		−2.856*
				−2.54		−1.68
_cons	−37.653***	−40.014***	−37.40***	−34.809***	−11.275**	−19.131***
	−10.75	−9.54	−10.17	−9.11	−2.19	−3.45
adj. R2	0.078	0.074	0.075	0.075	0.089	0.084
N	14834	13619	14834	14834	13619	13619
控制变量	YES	YES	YES	YES	YES	YES
个体效应	YES	YES	YES	YES	YES	YES
年度效应	YES	YES	YES	YES	YES	YES

从表 7-5 Panel A 的回归结果还可以看出，仅有总资本充足率与 *Opaque_*

bank 的交乘项系数显著为负，其余监管指标与 *Opaque* 交乘项均不再显著。这说明透明度的提高对业务过度扩张的调节作用将不太明显。

表 7–5 Panel B 第（1）、（5）、（6）列回归的 *NSFR* 与 *Opaque_bank* 的交乘项均显著为负，说明透明度越低，银行越会加剧流动性监管规避对理财产品风险的影响。Panel B 第（3）、（4）、（5）、（6）列回归的结果显示，资本充足率和核心一级资本充足率的系数以及它们与透明度的交乘项均显著为负。说明资本缓冲越低，理财产品风险承担行为动机显著变强；透明度变低会显著增强资本充足率监管套利对理财产品风险承担的负边际效应。一方面因为银行透明度越低，银行越容易通过各类资管计划（包括券商、基金、信托、保险、期货等）的违规转让等方式实现不良资产非洁净出表或虚假出表，人为调节监管指标。或者，银行还会通过调整贷款分类、重组贷款、虚假盘活、过桥贷款、以贷收贷、平移贷款等掩盖不良，降低信用风险指标或调整拨备充足率指标。另一方面，银行透明度降低会导致人们对理财产品的评价也下降，要求的回报率更高。两个效应叠加导致了银行更为激进的表外风险承担行为。该结果表明，若提高银行的透明度，银行出于监管套利动机导致的过度风险承担行为会被削弱。

然而 Panel B 中 *LTDR* 系数不稳定，且 *LTDR* 与透明度指标的交乘项系数为负，说明银行透明度的降低会显著扩大存贷比考核压力对于银行出于监管套利的动力而增加理财产品风险的边际影响。

综上，表 7–5 的实证结果有力地验证了监管套利假说和信息不对称假说。银行透明度能够缓解监管压力导致的过度风险承担行为，但是对于表外业务的总量发展并无显著影响。这主要是由于更高的透明度意味着资金流向也会更清晰，其进行监管套利的空间更小，表外风险承担行为因此受到了抑制。所以提高透明度是理财产品影子银行体系的重要监管手段。

2.银行表外透明度、监管套利与影子银行扩张及风险

对于银行理财产品而言，更高的产品信息披露意味着投资者可以更深入地了解银行理财产品的信息，对其风险以及收益有更加清楚的认识，也会给予银行理财产品更多的信任度。因此银行表外透明度越高，投资者就更容易接受相对较低的回报率的理财产品。而对于银行而言，其进行理财产品业务的初衷就是为了逃避监管，隐匿其风险行为；更多地曝光其表外理财产品信息，无疑与其初衷相悖，因此对于银行而言反而会减少理财产品的供给。透明度对均衡发行数量的影响取决于两种效应的相对大小。所以与表 7-5 的结果相似，从表 7-6 Panel A 依旧可以看到，*Opaque* 的系数不稳定，在回归（3）、（4）、（5）、（6）中甚至不再显著。而表 7-6 Panel B 的 *Opaque_off* 系数除回归（2）以外均显著为正[①]，说明当银行表外透明度越低，其理财产品的风险会越高，银行表外风险承担越大。*Opaque_off* 的系数再次有力地验证了信息不透明假说。此外，表 7-6 Panel A 的回归（6）中 *Tier1 CAR* 显著为负，但是其他回归中 *CAR*、*NSFR* 的结果并不显著为负，*LTDR* 的结果也没有显著为正，因此只能部分地说明监管套利假说。从 Panel A 的结果还可以看出，*Opaque* 与存贷比的交乘项为正，与 *NSFR* 交乘项为负，其余交乘项不显著。这说明，透明度的降低会增强银行出于存贷比监管和流动性监管套利的影子银行规模扩张冲动，但是无法降低出于资本监管套利的影子银行规模扩张冲动。

除此之外，与表 7-5 Panel B 结果相似，银行理财产品的存贷比（*LTDR*）与透明度的交乘项显著为正，风险资本充足率（*CAR*）、核心资本充足率（*Tier1 CAR*）与流动性监管指标（*NSFR*）的交乘项保持显著负相关关系。说明当透明度变低时，银行会显著扩大存贷比监管、资本充足率监管、流动性

---

① 只有回归（1）的表内透明度指标系数为负，但原因可能是变量缺失问题，所以本书的结论主要基于加入全部样本的第（5）和（6）回归的结果，结果更为可靠。

监管套利对理财产品风险承担的影响。该结果表明，若提高银行的透明度，银行出于各类监管套利动机导致的过度风险承担行为会被削弱。因此，表外透明度的实证结果有力地验证了监管套利假说和信息不对称假说，并发现，银行透明度能够缓解监管压力导致的过度风险承担行为，但是对于表外业务的总量发展并无显著影响。若提高银行的透明度，其出于各类监管套利动机导致的过度风险承担行为会被削弱。

表 7-6　监管套利、表外透明度和影子银行扩张与风险

	Panel A：被解释变量：影子银行扩张冲动					
	（1）	（2）	（3）	（4）	（5）	（6）
Opaque_off	0.299**	−0.792***	0.04	−0.051	−0.238	−0.371
	2.3	−4.17	0.31	−0.48	−0.73	−1.14
NSFR	0.741*				0.703	0.621
	1.74				1.46	1.29
NSFR_opaque_off	−0.298***				−0.228*	−0.199
	−2.75				−1.87	−1.62
LTDR		−0.022*			−0.01	−0.009
		−1.95			−0.79	−0.69
LTDR_opaque_off		0.012***			0.008**	0.007*
		3.94			2.31	1.89
CAR			−0.026		−0.025	
			−0.75		−0.71	
CAR_opaque_off			−0.007		−0.003	
			−0.74		−0.33	
Tier1 CAR				−0.05		−0.075**
				−1.51		−2.19
Tier1_opaque_off				0.001		0.012
				0.1		1.25

续表

Panel A：被解释变量：影子银行扩张冲动

	（1）	（2）	（3）	（4）	（5）	（6）
_cons	−28.331***	−30.378***	−21.163***	−19.191***	−27.987***	−24.685***
	−6.32	−6.17	−4.48	−3.98	−5.16	−4.48
adj. R2	0.328	0.345	0.331	0.32	0.353	0.34
N	2096	1930	2092	2063	1926	1905

Panel B：被解释变量：影子银行风险承担

	（1）	（2）	（3）	（4）	（5）	（6）
Opaque_off	0.503***	−0.200***	0.123***	0.108***	1.246***	1.139***
	11.54	−3.28	3.52	3.11	12.38	11.79
NSFR	2.007***				2.743***	2.602***
	15.14				18.4	17.61
NSFR_opaque_off	−0.463***				−0.665***	−0.615***
	−12.22				−15.62	−14.56
LTDR		−0.010***			−0.004	−0.006**
		−3.26			−1.25	−2.11
LTDR_opaque_off		0.003***			0	0.001
		2.77			0.01	0.81
CAR			0.011		0.094***	
			1.42		9.8	
CAR_opaque_off			−0.011***		−0.040***	
			−4.12		−11.90	
Tier1 CAR				0.013		0.125***
				1.58		11.41
Tier1_opaque_off				−0.012***		−0.051***
				−3.79		−12.44
_cons	−2.192***	0.752***	−0.097	−0.077	−3.975***	−3.678***
	−14.58	3.76	−0.97	−0.87	−12.77	−12.19
adj. R2	0.008	0.003	0.002	0.002	0.018	0.018

Panel B：被解释变量：影子银行风险承担					
（1）	（2）	（3）	（4）	（5）	（6）
N　26117	24177	26117	26094	24177	24163
控制变量　YES	YES	YES	YES	YES	YES
个体效应　YES	YES	YES	YES	YES	YES
年度效应　YES	YES	YES	YES	YES	YES

综合以上分析，本书得出如下结论：银行为逃避监管，或主动或被动地会将风险业务转移至表外，扩张其影子银行活动，增加其理财产品的发行量。具体表现为资本监管压力越大、存贷比监管压力越大、流动性监管压力越大，银行越有动机开展影子银行活动，承担越多风险行为。当（原）银监会对监管要求的严厉程度进行调整时，银行出于监管套利的动机从事过度影子银行风险承担行为的边际效应会相应发生改变，进一步印证监管套利是中国影子银行风险承担行为加剧的重要原因。本书发现，银行透明度的提高能够降低风险，但不会必然抑制理财产品业务的发展，因为虽然透明度的提高会显著降低银行出于监管套利的动机，但投资者的需求却因此上升，这充分验证了前文理论分析的结论。通过对透明度与监管指标的交乘项分析，本书还发现提高银行透明度可以有效抑制银行进行监管套利带来的风险，缓解其边际风险承担。这一结果说明，（原）银监会提出的提高银行理财产品透明度来监管理财产品的方法是可以起到既避免流动性快速收缩，又控制风险的作用的。

简而言之，若提高银行财务和理财产品的透明度，银行出于各类监管套利动机导致的过度风险承担行为都会被削弱，监管套利假说和信息不对称假说得到验证。

（三）稳健性检验

本书做了如下稳健性检验：（1）计算影子银行风险时将被解释变量预期

管理期和理财产品募集资金下限分别换为实际管理期和认购最低金额以增强影子银行风险度的稳健性。（2）使用 PLS 方法进行回归以增强计量方法的稳健性。（3）使用 PLS 方法时除了控制年度和银行，进一步控制了银行所有制属性，剔除不同性质的银行之间存在的异质性差别。（4）添加了 PPI 和利率市场化节点两个宏观控制变量。虽然由于样本缺失导致样本量下降为 4 790，但结果与正文结果无差异。由于篇幅限制，稳健性检验结果未在正文列出，具体参见附录。

第三节　结论与建议

本书在第六章基于国内银行在信贷额度配给、资本金约束、存贷比、流动性约束以及地方融资平台债务清理等宏观调控措施的背景，构建了关于银行理财产品的供给 - 需求模型。模型结果显示：外部监管力度越大，银行监管压力越大，商业银行的表外理财产品业务风险越高。而提高银行透明度能够缓解监管压力导致的过度风险承担行为，但不必然会遏制理财产品业务的发展。

根据这一推断，本书在第七章利用 2006—2015 年银行理财产品数据，通过固定效应面板回归进行了实证检验，结果表明在监管趋于严格的背景下，银行为逃避监管，会或主动或被动地将风险业务转移至表外，扩张其影子银行活动，增加其理财产品的发行量。具体表现为资本监管、存贷比监管和流动性监管压力越大，银行越有动机开展影子银行活动，风险承担行为越多。当（原）银监会对监管要求的严厉程度进行调整时，银行出于监管套利的动机从事过度影子银行风险承担行为的边际效应会相应发生改变，进一步印证了监管套利是中国影子银行风险承担行为加剧的重要原因。

将银行透明度纳入考量后，本书发现，银行透明度的提升会显著抑制银行出于监管套利的动机而从事的出表行为。本书认为这主要是因为银行透明度越高，资金流向也会越清晰，其进行监管套利的空间越小，难度越大，因此其行为受到了抑制。另一方面，银行透明度的提高不必然抑制理财产品业务的发展，因为虽然透明度的提高会显著降低银行出于监管套利的动机，但投资者的需求却因此上升。

本书结论为监管层对商业银行进行监管套利监督提供了有力依据，而关于银行透明度提升有助于缓解监管压力导致过度理财产品扩张与风险承担行为的结论，则为监管层日后政策的制定提供了思路。据此，本书提出以下几点建议：

1. 重点关注监管达标压力较大的商业银行。从实证的结果来看，面临更大监管压力、达标率低的银行更有动机扩张其影子银行活动，增加其理财产品的发行数量，这类银行的理财产品风险也更高。因此监管层要做到事前干预，预防此类银行出于规避监管的动机进行不良资产非洁净出表或虚假出表，通过调整贷款分类、重组贷款、虚假盘活等做法掩盖不良，人为调节监管指标的现象。

2. 提高表外理财业务的信息透明度。研究表明，影子银行的不透明与信息不对称导致风险不易被发现，系统性风险积聚较快；而提高影子银行透明度能有效降低风险，并抑制商业银行对影子银行体系的参与。因此监管层应大力增强商业银行信息披露制度，明确资金流向和用途，限制银行监管套利的空间，提高银行总体透明度。这样不仅有利于监管层了解商业银行的真实监管达标程度，也有利于投资者识别项目风险，从而预防由于流动性冲击带来的金融危机。

第八章　研究结论、建议与展望

第一节　主要研究结论

2008 年金融危机后，巴塞尔委员会提出了巴塞尔协议Ⅲ，制定了流动性监管框架。框架中的长期流动性指标——净稳定融资比率 *NSFR* 旨在监测商业银行的长期结构性的流动性风险，推动商业银行使用稳定的资金来源支持其资产业务的发展，降低资产与负债的期限错配程度。基于此背景，本书从传统业务和表外业务两大角度来研究巴塞尔协议Ⅲ流动性监管 *NSFR* 对中国商业银行风险产生的影响。本书的主要结论如下：

1. 巴塞尔协议Ⅲ长期监管指标净稳定融资比率（*NSFR*）水平的提高会显著增加银行的负债融资成本，降低银行贷款的信用风险，降低银行贷款资产的收益率，提升银行其他盈利资产的盈利能力。净稳定融资比率（*NSFR*）的提升虽然不能显著增加中国商业银行生息资产的盈利能力，但是却可以通过提升其他盈利资产盈利能力的方式显著提升银行的单位资产盈利水平。所以，*NSFR* 的提高会降低商业银行的信用风险，通过增加融资成本降低银行的风险抵御能力，但总体来看能从提高单位资产盈利能力来增加银行的风险抵御能力。

2. 领导人与监管层的反复强调、商业银行不良水平的攀升与银行资本充足率水平的提高是我国商业银行设置较高净稳定融资比率目标水平的重要原因，而银行增长计划、资金成本过高和长短期利差缩窄是其积极调整净稳定融资比率的重要因素。

3. 商业银行传统业务设置较高的净稳定融资比率目标水平（$NSFR_{i,t}^*$）有利于增强银行自身的稳定性（$ADZP$），降低系统性银行危机发生时银行遭受的损失（MES）。商业银行设置较快的净稳定融资比率调整速度（$\lambda_{i,t}$）不仅不利于维持银行自身的稳定性（$ADZP$），还会增加单个银行在系统性风险中的损失（MES）。

4. 银行受到的监管压力越大，就越有扩张表外理财产品业务进行监管套利的动机；并且其表外理财产品业务风险也越高。具体来说就是流动性监管、资本监管、存贷比监管压力越大，银行越有动机从事高风险影子银行活动。

5. 监管趋于严格的背景下，银行为逃避流动性等监管，会或主动或被动地将风险业务转移至表外，扩张其影子银行活动，增加其理财产品的发行量。将银行透明度纳入考量后，银行透明度的提高能够降低风险，但不会必然抑制理财产品业务的发展，因为透明度的提高虽然会显著降低银行出于监管套利的动机，但投资者的需求却因此上升。

第二节　主要建议

本书从传统银行和影子银行两大角度全面地研究了巴塞尔协议Ⅲ长期流动性监管指标 $NSFR$ 对商业银行风险的影响，主要建议如下：

1. 本书的研究结论对我国银行业实行长期结构性流动性风险管理和银行业监管部门制定监管政策都具有很强的参考价值。虽然 *NSFR* 水平的提高降低了商业银行的信用风险、总体提高了风险抵御能力，但实施巴塞尔协议Ⅲ长期监管指标时，应综合考虑该指标实施对我国银行负债融资成本、贷款信用风险、贷款资产收益率、其他盈利资产收益率、生息资产盈利能力和单位盈利资产盈利水平的影响。不仅要避免监管不严，也要防止监管过度。

2. 商业银行较高的净稳定融资比率目标水平和稳健的调整速度将有利于银行保持稳定性、降低银行在系统性风险中的损失。结合国内外相关学者研究，本书分析认为：未来我国商业银行流动性风险管理应着重于建立如下三道流动性风险防范的"防火墙"：继续实施一定水平的"银行流动性缓冲"，完善我国商业银行"信息披露制度"和"存款保险"[1]制度，建立并完善"银行破产清算"制度。

3. 本书的表外影子银行系统研究得出了"银行透明度提升有助于缓解监管压力导致的过度理财产品扩张与风险承担行为"的结论，为监管层日后政策的制定提供了思路。首先，监管层应重点关注流动性监管、资本监管和存贷比监管达标压力较大的商业银行。做到事前干预，预防此类银行出于规避监管的动机进行不良资产非洁净出表或虚假出表，通过调整贷款分类、重组贷款、虚假盘活等做法掩盖不良，人为调节监管指标的现象。其次，监管层应采取措施提高银行及产品的信息透明度，明确资金流向和用途，限制银行监管套利的空间，提高银行总体透明度。这样不仅有利于监管层了解商业银行的真实监管达标程度，也有利于投资者识别项目风险，从而预防由于流动性冲击带来的金融危机。

---

[1] 我国在2015年2月17日已颁布《存款保险条例》并于2015年5月1日起施行。

第三节 研究展望

本书遵循了一个比较完整的研究逻辑，但是其中还有许多地方有待进一步深化。

1.本书仅研究了长期流动性监管指标 NSFR，而没有关注短期流动性监管指标 LCR。巴塞尔协议Ⅲ新协议框架适时提出了两个流动性监管指标：净稳定融资比率（NSFR，Net Stable Funding Ratio）和流动性覆盖率（LCR，Liquidity Coverage Ratio），分别从长期和短期两个方面来监测商业银行应对流动性危机的能力。流动性覆盖率（LCR）指银行流动性资产储备与压力情景下 30 日内净现金流出量之比，主要用于衡量银行在短期（30 日内）单个银行流动性状况。然而实际操作层面出现了缺少计算 LCR 所必需的明细数据的障碍（本书无法从银行的财务报表中收集相关数据）。同时虽然自 2014 年以来，以国有银行为先导的股份制商业银行年报已经陆续开始披露年 LCR 水平，但考虑到 2014—2016 年数据年份太短，且披露银行并不完全，这时候进行 LCR 的研究也没有学术价值。同时，LCR 作为短期流动性指标，旨在检测银行实时应对 30 日内净现金流出的能力，仅凭借季报、年报的披露频率，检测效果并不大，且还有"橱窗展示效应（window dressing）"。综合考虑这些因素后，本书没有将 LCR 纳入研究框架。但是随着年数的增加及明细数据披露情况的改善，学者们未来可以遵循本书的逻辑继续研究短期（实时）流动性指标 LCR 对商业银行各方面的影响。

2.由于理论与现实的差距，本书某些实证的结果可能并没有达到理论预期的效果，这背后会存在许多的原因，对这些现象的进一步挖掘可能对于理

解 *NSFR* 对商业银行传统业务和理财产品业务的风险至关重要。但限于文章篇幅和逻辑性的考虑，本书没有进一步探讨，这也是未来研究需要努力的方向。

　　3.虽然本书第七章实证研究了 *NSFR* 监管套利对影子银行风险和规模的影响，但是本书第六章的理论模型是建立在较为宽泛的"监管套利"概念之上的。任何可能限制银行放贷的监管都属于该研究领域里，所以不仅限于"流动性监管套利"。未来的研究可以深入挖掘 *NSFR* 对表外业务产生影响的机制，建立与流动性监管更为贴合的理论模型。

附　录

附录A　*NSFR* 计算方法

	资产	权重		负债	权重
1	总盈利资产	100%	1	存款及短期融资	
1.A	贷款		1.A	客户存款	90%
1.A.1	客户贷款总额		1.A.1	客户存款（临时）	
	抵押贷款		1.A.2	客户存款（储蓄）	
	其他抵押贷款		1.A.3	客户存款（长期）	
	其他客户/零售贷款		1.B	其他银行在本行存款	0%
	公司&商业贷款		1.C	其他存款和短期借款	50%
	其他贷款		1.C.1	央行借款	
			1.C.2	其他短期借款	
			2	其他生息负债	
1.A.2	不良贷款准备金				
1.B	其他盈利资产		2.A	衍生品	0%
1.B.1	对银行的贷款及放款	50%	2.B	交易性负债	0%
1.B.2	衍生品	85%	2.C	长期融资	100%
1.B.2	其他证券	50%	2.C.1	全部长期融资	100%
	交易证券			优先贷款	
	投资证券			次级贷款	
1.B.4	剩余盈利资产	50%		其他融资	

续表

	资产	权重		负债	权重
2	固定资产	100%	2.C.2	优先股及混合资本	100%
3	非盈利资产		3	其他非生息负债	100%
3.A	现金及其他银行应收款				
3.A.1	现金	0%	4	贷款损失准备金	100%
3.A.2	存放金融机构的定期存款	65%			
3.B	声誉	100%	5	其他准备金	100%
3.C	其他无形资产	100%			
3.D	其他资产	100%	6	权益	100%

附录 B 系统重要性银行与附加资本要求

重要性	银行	所属地区	国家	加入G-SIBs时间	附加资本
		5			
5					3.5%
		4			
4	Citigroup	Americas	United States	2011	2.5%
4	JP Morgan Chase	Americas	United States	2011	2.5%
		3			
3	Bank of America	Americas	United States	2011	2.0%
3	BNP Paribas	Europe	France	2011	2.0%
3	Deutsche Bank	Europe	Germany	2011	2.0%
3	HSBC	Europe	United Kingdom	2011	2.0%
		2			
2	Barclays	Europe	United Kingdom	2011	1.5%
2	Credit Suisse	Europe	Switzerland	2011	1.5%
2	Goldman Sachs	Americas	United States	2011	1.5%
2	ICBC（工商银行）	Asia	China	2013	1.5%

续表

重要性	银行	所属地区	国家	加入G-SIBs时间	附加资本
2	Mitsubishi UFJ FG	Asia	Japan	2011	1.5%
2	Wells Fargo	Americas	United States	2011	1.5%
1					
1	ABC（农业银行）	Asia	China	2014	1.0%
1	Bank of China（中国银行）	Asia	China	2011	1.0%
1	Bank of New York Mellon	Americas	United States	2011	1.0%
1	China Construction Bank（建设银行）	Asia	China	2015	1.0%
1	Groupe Banque Populaire CE	Europe	France	2011	1.0%
1	Groupe Crédit Agricole	Europe	France	2011	1.0%
1	ING Bank	Europe	Netherlands	2011	1.0%
1	Mizuho FG	Asia	Japan	2011	1.0%
1	Morgan Stanley	Americas	United States	2011	1.0%
1	Nordea	Europe	Sweden	2011	1.0%
1	Royal Bank of Scotland	Europe	United Kingdom	2011	1.0%
1	Santander	Europe	Spain	2011	1.0%
1	Société Générale	Europe	France	2011	1.0%
1	Standard Chartered	Europe	United Kingdom	2012	1.0%
1	State Street	Americas	United States	2011	1.0%
1	Sumitomo Mitsui FG	Asia	Japan	2011	1.0%
1	UBS	Europe	Switzerland	2011	1.0%
1	Unicredit Group	Europe	Italy	2011	1.0%

资料来源：根据 FSB 公布信息整理[①]，2017。

[①]　资料来源：FSB官方网站，具体见http://www.fsb.org/wp-content/uploads/2016-list-of-global-systemically-important-banks-G-SIBs.pdf

附录 C

附录 C.1 透明度指标构建回归

```
. xi: xtreg LLP NPA DNPA  reocpt LLNTA l.t1ratea i.year,vce(robust)
i.year            _Iyear_2005-2015    (naturally coded; _Iyear_2005 omitted)
note: _Iyear_2015 omitted because of collinearity
```

Random-effects GLS regression	Number of obs	=	388
Group variable: bankcd	Number of groups	=	129

R-sq:		Obs per group:		
within = 0.2659		min =	1
between = 0.1727		avg =	3.0
overall = 0.1908		max =	10

	Wald chi2(14)	=	109.48
corr(u_i, X) = 0 (assumed)	Prob > chi2	=	0.0000

(Std. Err. adjusted for 129 clusters in bankcd)

LLP	Coef.	Robust Std. Err.	z	P>|z|	[95% Conf. Interval]	
NPA	.0012302	.000551	2.23	0.026	.0001503	.0023101
DNPA	.0011656	.0004681	2.49	0.013	.0002482	.002083
reocpt	-.0001614	.0000897	-1.80	0.072	-.0003372	.0000144
LLNTA	-.0006342	.0003675	-1.73	0.084	-.0013546	.0000862
t1ratea						
L1.	-.0001775	.0001281	-1.39	0.166	-.0004286	.0000737
_Iyear_2006	-.0008796	.003043	-0.29	0.773	-.0068437	.0050845
_Iyear_2007	-.0046324	.0017983	-2.58	0.010	-.008157	-.0011078
_Iyear_2008	.0011696	.0027091	0.43	0.666	-.0041401	.0064793
_Iyear_2009	-.0051753	.0013103	-3.95	0.000	-.0077433	-.0026072
_Iyear_2010	-.0057202	.0012046	-4.75	0.000	-.0080813	-.0033592
_Iyear_2011	-.0027495	.0012211	-2.25	0.024	-.0051428	-.0003562
_Iyear_2012	-.0028783	.001004	-2.87	0.004	-.004846	-.0009105
_Iyear_2013	-.0034371	.0008247	-4.17	0.000	-.0050534	-.0018207
_Iyear_2014	-.0010893	.000993	-1.10	0.273	-.0030356	.000857
_Iyear_2015	0	(omitted)				
_cons	.0315945	.0109839	2.88	0.004	.0100664	.0531226
sigma_u	.00503368					
sigma_e	.00494277					
rho	.50911218	(fraction of variance due to u_i)				

附录 C.2　理财产品风险回归模型

其中，pfp42 为理财产品收益率，lifecycle 为预计管理期，pfp16 为最低认购金额，pfp57 为合作类型，liquid 是衡量理财产品流动性指标，分为 1、2、3、4、5、6 六个等级，级别越高，流动性越好。risk 为理财产品的风险等级，由银行聘请的外部评级机构给出，分为 1、2、3、4、5 五个等级。

```
i.year             _Iyear_2006-2015    (naturally coded; _Iyear_2006 omitted)
i.ownership        _Iownership_2-8     (naturally coded; _Iownership_2 omitted)
note: _Iyear_2007 omitted because of collinearity
note: _Iyear_2008 omitted because of collinearity
note: _Iyear_2009 omitted because of collinearity
note: _Iyear_2015 omitted because of collinearity
note: _Iownership_8 omitted because of collinearity
```

Source	SS	df	MS		
				Number of obs	= 26,115
				F(18, 26096)	= 1050.48
Model	6579.12009	18	365.506671	Prob > F	= 0.0000
Residual	9079.92717	26,096	.347943255	R-squared	= 0.4201
				Adj R-squared	= 0.4197
Total	15659.0473	26,114	.599641849	Root MSE	= .58987

pfp42	Coef.	Std. Err.	t	P>|t|	[95% Conf. Interval]	
lifecycle	-.0003298	.0000202	-16.29	0.000	-.0003694	-.0002901
pfp16	4.13e-09	1.97e-09	2.09	0.037	2.56e-10	7.99e-09
pfp57	-.0260234	.0015867	-16.40	0.000	-.0291334	-.0229135
liquid	-.1244443	.0042343	-29.39	0.000	-.1327437	-.1161448
risk	.259671	.0059871	43.37	0.000	.247936	.271406
ppi	-.003041	.0266906	-0.11	0.909	-.0553562	.0492741
rgdp_per	.0295102	.0508693	0.58	0.562	-.0701964	.1292168
SHIBOR	.3299168	.0054263	60.80	0.000	.319281	.3405526
estate_index	.0205253	.0049166	4.17	0.000	.0108885	.030162
_Iyear_2007	0	(omitted)				
_Iyear_2008	0	(omitted)				
_Iyear_2009	0	(omitted)				
_Iyear_2010	-1.998377	.1976169	-10.11	0.000	-2.385717	-1.611037
_Iyear_2011	-.766347	.2057815	-3.72	0.000	-1.16969	-.3630039
_Iyear_2012	-.5765957	.0614077	-9.39	0.000	-.6969582	-.4562332
_Iyear_2013	-.4250164	.0598353	-7.10	0.000	-.5422969	-.3077358
_Iyear_2014	-.1518064	.072246	-2.10	0.036	-.2934124	-.0102003
_Iyear_2015	0	(omitted)				
_Iownership_3	.415731	.0114133	36.43	0.000	.3933604	.4381017
_Iownership_4	.411562	.0107146	38.41	0.000	.3905607	.4325633
_Iownership_5	-.0870919	.018187	-4.79	0.000	-.1227393	-.0514444
_Iownership_6	-4.520166	.0739792	-61.10	0.000	-4.665169	-4.375162
_Iownership_8	0	(omitted)				
_cons	-1.108939	3.625219	-0.31	0.760	-8.214567	5.99669

附录 C.3　稳健性检验

附录 C 3-1　影子银行扩张

	被解释变量：影子银行扩张冲动					
	（1）	（2）	（3）	（4）	（5）	（6）
LTDR	0.021***				0.020***	0.019***
	-4.06				-3.72	-3.51
NSFR		-0.391***			-0.158	-0.121
		（-2.75）			（-1.04）	（-0.79）
CAR			-0.032***		-0.026**	
			（-3.30）		（-2.56）	
Tier1_CAR				-0.026***		-0.021**
				（-2.63）		（-2.02）
lnasset	0.619***	0.485***	0.429***	0.426***	0.571***	0.563***
	-7.33	-6.08	-5.29	-5.18	-6.65	-6.48
NPL_ratio	-0.034	-0.011	-0.015	-0.01	-0.033	-0.032
	（-0.70）	（-0.26）	（-0.36）	（-0.23）	（-0.67）	（-0.65）
PPI	0.031***	0.024***	0.027***	0.028***	0.034***	0.034***
	-3.72	-2.93	-3.28	-3.35	-4.02	-4.07
RGDP	-0.087***	-0.110***	-0.115***	-0.114***	-0.092***	-0.092***
	（-2.99）	（-3.84）	（-4.01）	（-3.96）	（-3.15）	（-3.14）
Estate_index	-0.038***	-0.038***	-0.041***	-0.042***	-0.040***	-0.041***
	（-3.25）	（-3.22）	（-3.46）	（-3.52）	（-3.43）	（-3.52）
Loan_lib	0.322***	0.328***	0.339***	0.332***	0.330***	0.322***
	-5.22	-5.54	-5.72	-5.58	-5.34	-5.2
ROA	-0.521***	-0.038	-0.03	-0.03	-0.451***	-0.448***
	（-4.65）	（-1.32）	（-1.02）	（-1.03）	（-3.93）	（-3.85）
_cons	-30.080***	-22.190***	-20.245***	-20.426***	-27.857***	-27.709***
	（-6.57）	（-5.22）	（-4.70）	（-4.71）	（-5.98）	（-5.93）
控制银行	YES	YES	YES	YES	YES	YES

续表

被解释变量：影子银行扩张冲动					
（1）	（2）	（3）	（4）	（5）	（6）
控制年份 YES	YES	YES	YES	YES	YES
N 1637	1764	1760	1739	1633	1616
adj. R2 0.306	0.273	0.274	0.269	0.309	0.303

被解释变量：影子银行扩张冲动					
	（1）	（2）	（3）	（4）	（5）	（6）
LTDR	0.020***				0.018***	0.017***
	-6.92				-5.2	-4.84
NSFR		-0.593***			-0.239*	-0.243*
		（-5.20）			（-1.72）	（-1.75）
CAR			0.005		-0.008	
			-0.42		（-0.69）	
Tier1_CAR				0.015		0.004
				-1.28		-0.31
lnasset	-0.084***	-0.104***	-0.086***	-0.084***	-0.091***	-0.089***
	（-3.13）	（-4.01）	（-3.22）	（-3.03）	（-3.31）	（-3.12）
NPL_ratio	0.059**	0.055**	0.061**	0.062**	0.058**	0.062**
	-2.24	-2.18	-2.36	-2.39	-2.18	-2.34
RGDP_per	-0.337***	-0.358***	-0.344***	-0.340***	-0.345***	-0.342***
	（-5.33）	（-5.70）	（-5.43）	（-5.35）	（-5.44）	（-5.39）
Estate_index	-0.018	-0.021	-0.022	-0.023	-0.018	-0.019
	（-1.04）	（-1.27）	（-1.27）	（-1.32）	（-1.04）	（-1.09）
Loanlib	0.124	0.089	0.079	0.078	0.128	0.127
	-1.03	-0.76	-0.68	-0.66	-1.06	-1.05
Efficiency	0.014***	0.015***	0.017***	0.016***	0.013***	0.013***
	-3.71	-4.3	-4.74	-4.47	-3.54	-3.46
控制年度	YES	YES	YES	YES	YES	YES

续表

	（1）	（2）	（3）	（4）	（5）	（6）
	被解释变量：影子银行扩张冲动					
控制性质	YES	YES	YES	YES	YES	YES
控制银行	YES	YES	YES	YES	YES	YES
N	1706	1813	1809	1799	1702	1696
adj.R^2	0.406	0.392	0.382	0.383	0.405	0.405

附录 C 3–2　影子银行风险承担

	（1）	（2）	（3）	（4）	（5）	（6）
	被解释变量：影子银行风险承担					
$LTDR$	0.062***				0.059***	0.097***
	-7.33				-6.58	-10.5
$LTDRdummy$	9.179***				57.578*	6.355***
	-9.56				-1.93	-6.43
$LTDR\_x$	-0.058***				-0.047***	-0.107***
	（-5.21）				（-3.67）	（-8.63）
$NSFR$		-730.505**			-501.675	-582.437*
		（-2.29）			（-1.59）	（-1.87）
$NSFRdummy$		-895.156**			-615.425	-714.394*
		（-2.30）			（-1.60）	（-1.87）
$NSFR\_x$		730.577**			501.798	582.689*
		-2.29			-1.59	-1.87
$Tier1dummy$			-2.975***	-1.032	-2.649**	1.645*
			（-3.26）	（-1.31）	（-2.57）	-1.87
CAR			-0.218***		-0.126*	
			（-3.23）		（-1.71）	
$CARx$			0.210***		0.181**	
$Tier1\_CAR$				-0.227***		-0.177**
				（-3.43）		（-2.53）

		被解释变量：影子银行风险承担				
	（1）	（2）	（3）	（4）	（5）	（6）
Tier1_x				0.083		-0.168**
				-1.17		（-2.11）
lnasset	2.400***	1.799***	1.974***	0.376	2.824***	-0.631
	-10.84	-14.9	-9.21	-1.17	-9.18	（-1.57）
NPL_ratio	0.374***	0.218***	0.273***	0.297***	0.262***	0.518***
	-5.32	-3.14	-4.05	-4.57	-2.85	-6.49
Loan_lib	0.564***	0.541***	0.532***	0.518***	0.558***	0.564***
	-15.9	-16.9	-16.5	-16.12	-15.76	-16.11
RGDP	0.622***	-16.546**	0.556***	0.382***	-11.056	-13.335*
	-8.53	（-2.26）	-6.71	-4.33	（-1.53）	（-1.86）
PPI	0.092***	2.273**	0.074***	-0.060**	1.599*	1.619*
	-4.58	-2.4	-4.62	（-2.18）	-1.71	-1.75
Estate_index	-0.011*	-0.005	-0.004	-0.003	-0.011*	-0.012*
	（-1.71）	（-0.81）	（-0.59）	（-0.53）	（-1.70）	（-1.83）
ROA	0.043	-0.069	-0.009	1.082***	0.31	1.947***
	-0.18	（-0.49）	（-0.06）	-4.4	-1.16	-6.26
_cons	-152.22***	2326.278**	-119.4***	-43.185**	1461.989	1945.558*
	（-11.83）	-2.21	（-9.46）	（-2.48）	-1.45	-1.89
控制年度	YES	YES	YES	YES	YES	YES
控制银行	YES	YES	YES	YES	YES	YES
N	4211	4775	4775	4775	4211	4211
adj. R2	0.101	0.109	0.106	0.112	0.108	0.126

		被解释变量：影子银行风险承担				
	（1）	（2）	（3）	（4）	（5）	（6）
LTDR	0.056***				0.050***	0.088***
	-6.76				-5.91	-9.73

149

续表

	（1）	（2）	（3）	（4）	（5）	（6）
	被解释变量：影子银行风险承担					
LTDRx	-0.035***				-0.023**	-0.087***
	（-4.35）				（-2.32）	（-8.29）
LTDRdummy	17.366***				18.384***	0
	-13.23				-12.12	（.）
NSFR		-728.389**			-536.296*	-604.399*
		（-2.28）			（-1.70）	（-1.93）
NSFRd		728.439**			536.466*	604.670*
		-2.28			-1.7	-1.93
NSFRdummy		-892.564**			-657.827*	-741.279*
		（-2.28）			（-1.71）	（-1.94）
CAR			-0.120**		-0.027	
			（-1.99）		（-0.41）	
CARx			0.123**		0.09	
			-2.02		-1.31	
Tier1dummy			-1.777**	-0.773	-1.432	1.863**
			（-2.17）	（-1.10）	（-1.51）	-2.34
Tier1_CAR				-0.184***		-0.124*
				（-2.95）		（-1.93）
Tier1d				0.078		-0.188***
				-1.21		（-2.62）
lnasset	2.667***	1.800***	1.954***	0.737***	3.046***	-0.176
	-12.88	-15.3	-9.19	-2.63	-10.13	（-0.45）
NPL_ratio	0.407***	0.282***	0.333***	0.331***	0.240***	0.487***
	-5.97	-4.59	-5.27	-5.51	-2.6	-6.13
RGDP_per	0.114*	-3.426**	0.082	0.053	-2.547*	-2.997**
	-1.93	（-2.28）	-1.43	-0.86	（-1.72）	（-2.04）
PPI	0.549***	-9.079**	0.440***	0.293***	-6.384	-7.671*
	-8.6	（-2.21）	-6.66	-4.63	（-1.57）	（-1.91）

被解释变量：影子银行风险承担						
	（1）	（2）	（3）	（4）	（5）	（6）
Estate_index	-0.011*	-0.006	-0.005	-0.004	-0.011*	-0.011*
	（-1.73）	（-0.91）	（-0.74）	（-0.56）	（-1.75）	（-1.75）
Dummyloanlib1	0.553***	0.532***	0.527***	0.513***	0.549***	0.556***
	-15.61	-16.6	-16.31	-15.92	-15.51	-15.85
ROA	0.116	-0.006	0.083	0.814***	0.296	1.685***
	-0.51	（-0.05）	-0.58	-4.14	-1.12	-5.62
控制年度	YES	YES	YES	YES	YES	YES
控制性质	YES	YES	YES	YES	YES	YES
控制银行	YES	YES	YES	YES	YES	YES
N	4222	4816	4816	4816	4222	4222
adj. R2	0.27	0.244	0.241	0.245	0.275	0.288

附录 C 3-3　银行透明度与影子银行扩张

被解释变量：影子银行扩张冲动						
	（1）	（2）	（3）	（4）	（5）	（6）
Opaque	-95.988	196.251***	66.005*	17.365	74.535	90.803
	（-1.43）	-2.58	-1.72	-0.63	-0.48	-0.58
LTDR	0.014				0.011	0.014
	-1.55				-1.09	-1.36
LTDR_Opaque	1.602				1.346	0.765
	-1.44				-0.9	-0.52
NSFR		0.122			-0.029	0.078
		-0.3			（-0.06）	-0.16
NSFR_Opaque		-168.418**			-76.59	-101.282
		（-2.54）			（-0.92）	（-1.22）
CAR			-0.014		0.004	
			（-0.70）		-0.18	

	（1）	（2）	（3）	（4）	（5）	（6）
			被解释变量：影子银行扩张冲动			
CAR_Opaque			-5.231*		-5.797*	
			（-1.65）		（-1.71）	
Tier1_CAR				-0.025		-0.01
				（-1.33）		（-0.48）
Tier1_Opaque				-1.46		-2.35
				（-0.52）		（-0.80）
lnasset	0.884***	0.944***	0.811***	0.806***	0.882***	0.870***
	-6.04	-7.12	-5.92	-5.82	-5.91	-5.82
NPL_ratio	-0.186**	-0.103	-0.067	-0.064	-0.161	-0.143
	（-2.10）	（-1.34）	（-0.82）	（-0.81）	（-1.62）	（-1.46）
PPI	0.046***	0.032**	0.036***	0.036***	0.046***	0.047***
	-3.61	-2.57	-2.75	-2.75	-3.6	-3.7
RGDP_per	-0.121**	-0.106**	-0.133***	-0.136***	-0.125**	-0.130**
	（-2.36）	（-2.12）	（-2.60）	（-2.64）	（-2.39）	（-2.47）
Estate_index	-0.031*	-0.032*	-0.034*	-0.033*	-0.033*	-0.032*
	（-1.81）	（-1.83）	（-1.96）	（-1.87）	（-1.92）	（-1.86）
Loan_lib	0.215***	0.156*	0.155*	0.150*	0.214***	0.214**
	-2.61	-1.93	-1.9	-1.84	-2.59	-2.57
ROA	-0.794***	-0.023	-0.021	-0.02	-0.723***	-0.705***
	（-4.37）	（-0.80）	（-0.74）	（-0.70）	（-3.78）	（-3.57）
_cons	-34.187***	-36.190***	-29.618***	-29.199***	-33.528***	-33.053***
	（-4.34）	（-5.13）	（-4.05）	（-3.95）	（-4.17）	（-4.10）
控制银行	YES	YES	YES	YES	YES	YES
控制年度	YES	YES	YES	YES	YES	YES
N	865	945	945	941	865	861
adj. *R*2	0.291	0.225	0.218	0.216	0.295	0.294

	（1）	（2）	（3）	（4）	（5）	（6）
	\multicolumn{6}{c}{银行透明度、监管套利和影子银行扩张}					
Opaque	-126.740*	195.386**	67.433*	20.569	16.551	23.629
	（-1.79）	-2.57	-1.73	-0.73	-0.1	-0.14
LTDR	0.004				0	0.002
	-0.4				（-0.03）	-0.17
LTDR_Opaque	2.154*				1.889	1.437
	-1.84				-1.18	-0.91
NSFR		0.124			-0.149	-0.066
		-0.3			（-0.29）	（-0.13）
NSFR_Opaque		-167.551**			-54.107	-74.223
		（-2.52）			（-0.64）	（-0.88）
CAR			-0.021		0	
			（-1.05）		（-0.01）	
CAR_Opaque			-5.297		-5.661*	
			（-1.64）		（-1.66）	
Tier1_CAR				-0.035*		-0.015
				（-1.76）		（-0.71）
Tier1_Opaque				-1.721		-2.586
				（-0.60）		（-0.87）
lnasset	0.556*	0.822***	0.475**	0.487**	0.454	0.452
	-1.87	-3.58	-2.03	-2.06	-1.48	-1.48
NPL_ratio	-0.03	-0.035	0.037	0.059	-0.011	0.021
	（-0.26）	（-0.34）	-0.34	-0.55	（-0.09）	-0.16
RGDP_per	-0.150*	-0.108	-0.185***	-0.185***	-0.180**	-0.183**
	（-1.84）	（-1.58）	（-2.69）	（-2.66）	（-2.13）	（-2.17）
Estate_index	-0.042**	-0.036*	-0.036*	-0.037*	-0.042**	-0.042**
	（-2.07）	（-1.76）	（-1.76）	（-1.78）	（-2.09）	（-2.10）
控制年份	YES	YES	YES	YES	YES	YES
控制性质	yes	yes	yes	yes	yes	yes

续表

银行透明度、监管套利和影子银行扩张					
（1）	（2）	（3）	（4）	（5）	（6）
控制银行 YES	YES	YES	YES	YES	YES
N 865	945	945	941	865	861
adj.R2 0.649	0.611	0.608	0.605	0.651	0.649

附录 C 3-4　银行透明度与影子银行风险

被解释变量：影子银行风险					
（1）	（2）	（3）	（4）	（5）	（6）
Opaque -80.959	359.90***	573.46***	365.14***	6801.9***	6636.8***
（-0.27）	-3.33	-3.86	-3.32	-6.56	-8.78
LTDR 0.016				0.179***	0.103***
-0.84				-4.96	-2.59
LTDR_ Opaque 1.902				-36.336***	-28.207***
-0.4				（-2.96）	（-3.62）
NSFR	1.866***			16.416***	15.957***
	-4.5			-8.55	-8.29
NSFR_ Opaque	-335.8***			-3.0e+3***	-3.3e+3***
	（-4.15）			（-8.32）	（-9.46）
CAR		-0.055**		0.312	
		（-2.00）		-1.06	
CAR_ Opaque		-40.577***		-76.290***	
		（-3.81）		（-3.36）	
Tier1_CAR			-0.090**		-0.21
			（-2.44）		（-1.54）
Tier1_ Opaque			-31.863***		-76.316***
			（-3.32）		（-4.28）
lnasset 1.826***	2.343***	-0.248	-0.69	3.619**	0.342
-3.7	-8.23	（-0.51）	（-1.23）	-2.02	-0.35

被解释变量：影子银行风险					
	（1）	（2）	（3）	（4）	（5）	（6）
NPL_ratio	-0.543	0.125	-0.559	-0.518	-3.391***	-5.668***
	（-1.21）	-0.39	（-1.42）	（-1.30）	（-3.19）	（-8.25）
PPI	0.037	0.021	0.128**	0.098*	0.108	0.614***
	-0.45	-0.37	-2.13	-1.68	-1.02	-4.62
RGDP_per	2.113***	2.165***	0.09	0.01	-1.475	-5.932***
	-4.53	-5.72	-0.15	-0.02	（-0.87）	（-5.64）
Estate_index	-0.181***	-0.081***	-0.081***	-0.081***	-0.180***	-0.181***
	（-12.10）	（-6.85）	（-6.86）	（-6.83）	（-12.37）	（-12.49）
Loan_lib	0.672***	0.619***	0.610***	0.613***	0.637***	0.633***
	-17.47	-17.58	-17.3	-17.39	-16.88	-16.86
_cons	-261.8***	-287.1***	-4.577	18.916	34.756	561.9***
	（-4.96）	（-7.27）	（-0.07）	-0.25	-0.16	-4.55
控制年度	YES	YES	YES	YES	YES	YES
控制银行	YES	YES	YES	YES	YES	YES
N	1939	2496	2496	2496	1939	1939
adj. R2	0.321	0.274	0.276	0.275	0.362	0.369

银行透明度、监管套利与影子银行风险					
	（1）	（2）	（3）	（4）	（5）	（6）
Opaque	-81.0	360.0***	573.5***	365.1***	6802.0***	6636.8***
	（-0.27）	-3.33	-3.86	-3.32	-6.56	-8.78
LTDR	0.016				0.179***	0.103***
	-0.84				-4.96	-2.59
LTDR*Opaque	1.902				-36.336***	-28.207***
	-0.4				（-2.96）	（-3.62）
NSFR		1.866***			16.416***	15.957***
		-4.5			-8.55	-8.29

	银行透明度、监管套利与影子银行风险					
	（1）	（2）	（3）	（4）	（5）	（6）
NSFR*Opaque		-335.817***			-3.0e+03***	-3.3e+03***
		（-4.15）			（-8.32）	（-9.46）
CAR			-0.055**		0.312	
			（-2.00）		-1.06	
CAR*Opaque			-40.577***		-76.290***	
			（-3.81）		（-3.36）	
Tier1_CAR				-0.090**		-0.21
				（-2.44）		（-1.54）
Tier1*Opaque				-31.863***		-76.316***
				（-3.32）		（-4.28）
Estate_index	-0.181***	-0.081***	-0.081***	-0.081***	-0.180***	-0.181***
	（-12.10）	（-6.85）	（-6.86）	（-6.83）	（-12.37）	（-12.49）
lnasset	1.826***	2.343***	-0.248	-0.69	3.619**	0.342
	-3.7	-8.23	（-0.51）	（-1.23）	-2.02	-0.35
NPL_ratio	-0.543	0.125	-0.559	-0.518	-3.391***	-5.668***
	（-1.21）	-0.39	（-1.42）	（-1.30）	（-3.19）	（-8.25）
Loanlib1	0.672***	0.619***	0.610***	0.613***	0.637***	0.633***
	-17.47	-17.58	-17.3	-17.39	-16.88	-16.86
RGDP_per	3.181***	3.567***	1.360***	0.884*	4.557***	2.356***
	-7.29	-10.59	-3.45	-1.94	-3.75	-3.4
Efficiency	-0.048	-0.149***	-0.067***	-0.059**	-0.023	0.093**
	（-1.50）	（-6.91）	（-3.17）	（-2.57）	（-0.53）	-2.4
控制年度	YES	YES	YES	YES	YES	YES
控制所有制	YES	YES	YES	YES	YES	YES
控制银行	YES	YES	YES	YES	YES	YES
N	2496	2496	2496	2496	2496	2496
adj.R2	0.46	0.38	0.382	0.381	0.493	0.498

参考文献

[1] Admati A R, Pfleiderer P C. *Increased-liability equity: a proposal to improve capital regulation of large financial institutions* [R] . Rock Center for Corporate Governance at Stanford University Working Paper, 2010.

[2] Agénor P R, Aizenman J, Hoffmaister A W. *The credit crunch in East Asia: what can bank excess liquid assets tell us?* [J] . Journal of International Money and Finance, 2004, 23 (1) : 27–49.

[3] Deep A, Schaefer G. *Are banks liquidity transformers?* [R] . NBER Working Paper, 2004.

[4] Alexander G J, Baptista A M. *A VaR–Constrained Mean–Variance Model: implications for portfolio selection and the Basle capital accord* [R] . Working Paper, University of Minnesota, 2001.

[5] Allen B, Chan K K, Milne A, et al. *Basel Ⅲ : is the cure worse than the disease?* [J] . International Review of Financial Analysis, 2012, 25: 159–166.

[6] Berger A N, Bouwman C H S. *Bank liquidity creation, monetary policy, and financial crises* [J] . Journal of Financial Stability, 2017, 30(6): 139–155.

[7] Berger A N, Bouwman C H S. *Bank liquidity creation and financial crises* [M] . The Boulevard, Langford Lane, Kidlington, Oxford OX5 1GB, UK: Academic

Press, 2016.

[8] Angelini P, Neri S, Panetta F. *The interaction between capital requirements and monetary policy* [J] . Journal of Money, Credit and Banking, 2014, 46（6）: 1073–1112.

[9] Angelini P, Clerc L, Cúrdia V, et al. *Basel Ⅲ: long–term impact on economic performance and fluctuations* [R] . BIS Working Papers, 2011.

[10] Kashyap A K, Rajan R, Stein J C. *Banks as liquidity providers: an explanation for the coexistence of lending and deposit– taking* [J] . The Journal of Finance, 2002, 57（1）: 33–73.

[11] Antipa P, Mengus E, Mojon B. *Would macroprudential policies have prevented the great recession?* [R] . Banque de France Occasional Paper, 2011.

[12] Bai J, Krishnamurthy A, Weymuller C H. *Measuring liquidity mismatch in the banking sector* [J/OL] . Journal of Finance, Forthcoming, (2017–01– 08) [2018–01–01] . https: //ssrn. com/abstract=2343043 or http: //dx. doi. org/10. 2139/ssrn. 2343043.

[13] Athanasoglou P P, Daniilidis I, Delis M D. *Bank procyclicality and output: issues and policies* [J] . Journal of Economics and Business, 2014, 72(C): 58– 83.

[14] Banulescu G D, Dumitrescu E I. *Which are the SIFIs? a component expected shortfall approach to systemic risk* [J] . Journal of Banking & Finance, 2015, 50: 575–588.

[15] Bayoumi T, Melander O. *Credit matters: empirical evidence on US macro– financial linkages* [R] . International Monetary Fund Working Paper, 2008.

[16] BCBS. *An assessment of the long–term economic impact of the new regulatory*

reform ［M］. Bank for International Settlements, 2010.

［17］BCBS. *Basel Ⅲ : International framework for liquidity risk measurement, standards and monitoring* ［M］. Bank for International Settlements, 2010.

［18］Bebchuk L A, Goldstein I. *Self-fulfilling credit market freezes* ［J］. Review of Financial Studies, 2011, 24（11）: 3519-3555.

［19］Bekaert G, Harvey C R, Lundblad C, et al. *Global growth opportunities and market integration* ［J］. The Journal of Finance, 2007, 62（3）: 1081-1137.

［20］Holmström B, tirole J. *Private and public supply of liquidity* ［J］. Journal of Political Economy, 1998, 106（1）: 1-40.

［21］Benston G J, Kaufman G G. *The appropriate role of bank regulation* ［J］. The Economic Journal, 1996, 106（436）: 688-697.

［22］Berger A N, Bouwman C H S, Sarkar A, et al. *Bank capital, survival, and performance around financial crises* ［R］. Documento de trabajo, Wharton Financial Institutions Center. Disponible en: http: //fic/. wharton. upenn. edu/ fic/papers/09/0924. pdf, 2009.

［23］Berger A N, Deyoung R, M J, et al. *How do large banking organizations manage their capital ratios?* ［J］. Journal of Financial Services Research, 2008, 34: 123-149.

［24］Bernanke B S, Gertler M. *Inside the black Box: the credit channel of monetary policy transmission* ［J］. Journal of Economic Perspectives, 1995, 9（4）: 27-48.

［25］Berrospide J M. *Bank liquidity hoarding and the financial crisis: an empirical evaluation* ［R］. Working Paper, 2012.

［26］Berrospide J M, Edge R M. *The effects of bank capital on lending: what do we know, and what does it mean?* ［R］. FEDS Working Paper, 2010.

［27］Besanko D, Kanatas G. *The regulation of bank capital: do capital standards promote bank safety?* ［J］. Journal of Financial Intermediation, 1996, 5（2）: 160–183.

［28］Blum J. *Do capital adequacy requirements reduce risks in banking?* ［J］. Journal of Banking & Finance, 1999, 23（5）: 755–771.

［29］Blum J, Hellwig M. *The macroeconomic implications of capital adequacy requirements for banks* ［J］. European Economic Review, 1995, 39（3–4）: 739–749.

［30］Bonner C. *Preferential regulatory treatment and banks'demand for government bonds* ［J］. Journal of Money, Credit and Banking, 2016, 48(6): 1195–1221.

［31］Brownlees C, Engle R F. *SRISK: a conditional capital shortfall measure of systemic risk* ［J］. Review of Financial Studies, 2017, 30（1）: 48 – 79.

［32］Brunnermeier M K. *Deciphering the liquidity and credit crunch 2007–2008* ［J］. Journal of Economic Perspectives, 2009, 23(1): 77–100.

［33］Brunnermeier M K, Pedersen L H. *Market liquidity and funding liquidity* ［J］. The Review of Financial Studies, 2009, 22（6）: 2201–2238.

［34］Adrian T, Brunnermeier M K. *CoVaR* ［J］. American Economic Review, 2016, 106（7）: 1705–1741.

［35］Bryanta J. *A model of reserves, bank runs, and deposit insurance* ［J］. Journal of Banking and Finance, 1980, 4（4）: 335–344.

［36］Basel Committee on Banking Supervision (BCBS). *An assessment of the long-term economic impact of stronger capital and liquidity requirements* ［R］. Bank for International Settlements , 2010.

［37］Butler A W, Grullon G, Weston J P. *Stock market liquidity and the cost of issuing equity* ［J］. Journal of Financial and Quantitative Analysis, 2005, (2): 331–348.

［38］Calluzzo P, Dong G N. *Has the financial system become safer after the crisis?The changing nature of financial institution risk* ［J］. Journal of Banking & Finance, 2015, 53: 233–248.

［39］Carlson M, Shan H, Warusawitharana M. *Capital ratios and bank lending: a matched bank approach* ［J］. Journal of Financial Intermediation, 2013, 22 （4）: 663–687.

［40］Chalermchatvichien P, Jumreornvong S, Jirapom P. *Basel* Ⅲ, *capital stability, risk–taking, ownership: evidence from Asia* ［J］. Journal of Multinational Financial Management, 2014, 28: 28–46.

［41］Chatterjee U K. *Bank liquidity creation and asset market liquidity* ［J］. Journal of Financial Stability, 2015, 18: 139–153.

［42］Moran K, Meh C A, Christensen I. *Bank leverage regulation and macroeconomic dynamics* ［R］. Cahier de recherche/Working Paper, 2011.

［43］Bonner C, lelyveld I V, Zymek R. *Banks'liquidity buffers and the role of liquidity regulation* ［R］. DNB Working Paper, 2013.

［44］Cohen B H. *How have banks adjusted to higher capital requirements?*［R］. BIS Quarterly Review, 2013.

［45］Deléchat C, Henao C, Muthoora P, et al. *The determinants of banks' liquidity buffers in Central America* ［R］. IMF Working Paper, 2012.

［46］Cornett M M, McNuttet J J, Strahan P E, et al. *Liquidity risk management and credit supply in the financial crisis* ［J］. Journal of Financial Economics,

2011, 101（2）: 297–312.

［47］De Nicolò G. *Revisiting the impact of bank capital requirements on lending and real activity* ［J/OL］. (2015–06–20) ［2018–02–01］. Available at SSRN: https: //ssrn. com/abstract=2688110 or http: //dx. doi. org/10. 2139/ssrn. 2688110.

［48］Deli Y D, Hasan I. *Real effects of bank capital regulations: global evidence* ［J］. Journal of Banking & Finance, 2017, 82: 217–228.

［49］Delis M D. *Bank competition, financial reform, and institutions: the importance of being developed* ［J］. Journal of Development Economics, 2012, 97（2）: 450–465.

［50］Dellas H, Diba B, Loisel O. *Financial shocks and optimal policy* ［R］. Working papers 277, Banque de France, 2010.

［51］Demerjian P, Lev B, McVay S. *Quantifying managerial ability: a new measure and validity tests* ［J］. Management Science, 2012, 58（7）: 1229–1248.

［52］Demirgüç-Kunt A, Huizinga H. *Bank activity and funding strategies: the impact on risk and returns* ［J］. Journal of Financial Economics, 2010, 98（3）: 626–650.

［53］Dewatripont M, Rochet J C, Tirole J. *Balancing the banks: global lessons from the financial crisis* ［M］. Princeton University Press, 2010.

［54］DeYoung R, Jang K Y. *Do banks actively manage their liquidity?* ［J］. Journal of Banking & Finance, 2016, 66: 143–161.

［55］Diamond D W, Rajan R G. *Liquidity risk, liquidity creation and financial fragility: a theory of banking* ［J］. Journal of Political Economy, 2001, 109（2）: 287–327.

［56］Díaz V, Huang Y. *The role of governance on bank liquidity creation* ［J］. Journal of Banking & Finance, 2017, 77: 137–156.

［57］Dietrich A, Hess K, Wanzenried G. *The good and bad news about the new liquidity rules of Basel Ⅲ in Western European countries* ［J］. Journal of Banking & Finance, 2014, 44: 13–25.

［58］Diamond D W, Kashyap A K. *Liquidity requirements, liquidity choice and financial stability* ［R］. NBER Working Paper, 2016.

［59］Diamond D W, Dybvig P H. *Bank runs, deposit insurance, and liquidity* ［J］. Journal of Political Economy, 1983, 91（3）: 401–419.

［60］Drehmann M, Gambacorta L. *The effects of countercyclical capital buffers on bank lending* ［J］. Applied Economics Letters, 2012, 19（7）: 603–608.

［61］Bordeleau É, Graham C. *The impact of liquidity on bank profitability* ［R］. Bank of Canada Working Paper, 2010.

［62］Flannery M J. *Capital regulation and insured banks choice of individual loan default risks* ［J］. Journal of Monetary Economics, 1989, 24（2）: 235–258.

［63］Allen F, Gale D. *Financial intermediaries and markets* ［J］. Econometrica, 2004, 72（4）: 1023–1061.

［64］Friedman M, Schwartz A. *A monetary history of the United States, 1867–1960* ［M］. Princeton: Princeton Unversity Press, 1971.

［65］Fungáčová Z, Weill L, Zhou M. *Bank capital, liquidity creation and deposit insurance* ［J］. Journal of Financial Services Research, 2017, 51（1）: 97–123.

［66］Furfine C. *Bank portfolio allocation: the impact of capital requirements, regulatory monitoring, and economic conditions* ［J］. Journal of Financial

Services Research, 2001, 20（1）: 33–56.

[67] Gambacorta L. *Do bank capital and liquidity affect real economic activity in the long run? A VECM analysis for the US* [J]. Economic Notes, 2011, 40（3）: 75–91.

[68] Gambacorta L, Marques-Ibanez D. *The bank lending channel: lessons from the crisis* [J]. Economic Policy, 2011, 26（66）: 135–182.

[69] Gambacorta L, Mistrulli P E. *Does bank capital affect lending behavior?* [J]. Journal of Financial Intermediation, 2004, 13（4）: 436–457.

[70] Afonso G, Kovner A, Schoar A. *Stressed, not frozen: the Federal Funds market in the financial crisis* [R]. Federal Reserve Bank of New York, 2010.

[71] Gennotte G, Pyle D. *Capital controls and bank risk* [J]. Journal of Banking & Finance, 1991, 15（4–5）: 805–824.

[72] Gerali A, Neri S, Sessa L, et al. *Credit and banking in a DSGE model of the Euro Area* [J]. Journal of Money, Credit and Banking, 2010, 42（s1）: 107–141.

[73] Bernanke B S, Gertler M, Gilchrist S. *The financial accelerator in a quantitative business cycle framework* [M]. The Boulevard, Langford Lane, Kidlington, Oxford OX5 1GB, UK: Academic Press, 1999.

[74] Gorton G. *Information, Liquidity, and the (Ongoing) Panic of 2007* [J]. American Economic Review, 2009, 99（2）: 567–572.

[75] Gorton G, Winton A. *Liquidity Provision, Bank Capital, and the Macroeconomy* [J]. SSRN Electronic Journal, 2000, 49（1）: 5–37.

[76] Gwin C R, Van Hoose D D. *Disaggregate evidence on price stickiness and implications for macro models* [J]. Economic Inquiry, 2008, 46（4）: 561–

575.

[77] Härle P, Lüders E, Pepanides T, et al. *Basel* Ⅲ *and European banking: its impact, how banks might respond, and the challenges of implementation* [R] . McKinsey Working Papers on Risk, 2010.

[78] Hong H, Huang J Z, Wu D. *The information content of Basel* Ⅲ *liquidity risk measures* [J] . Journal of Financial Stability, 2014, 15: 91–111.

[79] Houston J, James C, Marcus D. *Capital market frictions and the role of internal capital markets in banking* [J] . Journal of Financial Economics, 1997, 46(2): 135–164.

[80] Jiménez G, Ongena S, Peydró J L, et al. *Credit supply and monetary policy: identifying the bank balance–sheet channel with loan applications* [J] . The American Economic Review, 2012, 102（5）: 2301–2326.

[81] Kahane Y. *Capital adequacy and the regulation of financial intermediaries* [J] . Journal of Banking & Finance, 1977, 1（2）: 207–218.

[82] Kashyap A K, Rajan R, Stein J C. *Banks as liquidity providers: an explanation for the coexistence of lending and deposit–taking* [J] . The Journal of Finance, 2002, 57（1）: 33–73.

[83] Kauko K. *The net stable funding ratio requirement when money is endogenous* [R] . Bank of Finland Research Discussion Papers, 2015.

[84] Khan M S, Scheule H, Wu E. *Funding liquidity and bank risk taking* [J] . Journal of Banking & Finance, 2017, 82: 203–216.

[85] Kim D, Santomero A M. *Risk in banking and capital regulation* [J] . The Journal of Finance, 1988, 43（5）: 1219–1233.

[86] Kim D, Sohn W. *The effect of bank capital on lending: does liquidity matter?*

〔J〕. Journal of Banking & Finance, 2017, 77: 95–107.

〔87〕 King M R. *The Basel Ⅲ net stable funding ratio and bank net interest margins*
〔J〕. Journal of Banking & Finance, 2013, 37（11）: 4144–4156.

〔88〕 Kishan R P, Opiela T P. *Bank size, bank capital, and the bank lending channel*
〔J〕. Journal of Money, Credit and Banking, 2000, 32(1): 121–141.

〔89〕 Koehn M, Santomero A M. *Regulation of bank capital and portfolio risk* 〔J〕.
The Journal of Finance, 1980, 35（5）: 1235–1244.

〔90〕 König P, Pothier D. *Too much of a good thing? A theory of short–term debt as a
sorting device* 〔J〕. Journal of Financial Intermediation, 2016, 26: 100–114.

〔91〕 Labonne C, Lamé G. *Credit growth and bank capital requirements: binding or
not?* 〔R〕. Working papers 481, Banque de France, 2014.

〔92〕 Laeven L, Levine R. *Bank governance, regulation and risk taking* 〔J〕. Journal
of Financial Economics, 2009, 93（2）: 259–275.

〔93〕 Lam C H, Chen A H. *Joint effects of interest rate deregulation and capital
requirements on optimal bank portfolio adjustments* 〔J〕. The Journal of
Finance, 1985, 40（2）: 563–575.

〔94〕 Dejong D, Ling Z. *Managers: their effects on accruals and firm policies* 〔J〕.
Journal of Business Finance & Accounting, 2013, 40（1–2）: 82–114.

〔95〕 López–Espinosa G, Moreno A, Rubia A, et al. *Short–term wholesale funding
and systemic risk: a global CoVaR approach* 〔J〕. Journal of Banking &
Finance, 2012, 36（12）: 3150–3162.

〔96〕 Brunnermeier M, Gorton G, Krishnamurthy A. *Liquidity Mismatch Measurement*
〔R〕. SSRN Electronic Journal, 2013.

〔97〕 Andrabi T, Di Meana A R. *Bank Regulation and Debt Overhang* 〔J〕. Journal of Money, Credit and Banking, 1994, 26(3): 460–478.

[98] Meh C A, Moran K. *The role of bank capital in the propagation of shocks* [J] . Journal of Economic Dynamics and Control, 2010, 34（3）: 555–576.

[99] Miles D, Yang J, Marcheggiano G. *Optimal bank capital* [J] . The Economic Journal, 2013, 123（567）: 1–37.

[100] Niehans J. *The theory of money* [M] . John Hopkins University Press, 1978.

[101] Aspachs O, Nier E, Tiwsset M. *Evidence on bank liquidity holdings from a panel of UK-resident banks* [R] . Working Paper, 2005.

[102] Punzi M T, Kauko K. *Testing the global banking glut hypothesis* [J] . Journal of Financial Stability, 2015, 19: 128–151.

[103] Raddatz C. *When the rivers run dry: liquidity and the use of Wholesale Funds in the transmission of the U. S. subprime crisis* [R] . The World Bank, 2010.

[104] Rauch C, Steffen S, Hackethal A, et al. *Determinants of bank liquidity creation* [R] . SSRN Electronic Journal, 2010.

[105] Repullo R. *Capital requirements, market power, and risk-taking in banking* [J] . Journal of Financial Intermediation, 2004, 13（2）: 156–182.

[106] Repullo R. *Liquidity, risk taking, and the lender of last resort* [J] . International Journal of Central Banking, 2005, 1（2）: 47–80.

[107] Repullo R, Salas J S. *The countercyclical capital buffer of Basel Ⅲ: a critical assessment* [R] . CEPR Discussion Paper, 2011.

[108] Repullo R, Suarez J. *The procyclical effects of bank capital regulation* [J] . The Review of Financial Studies, 2012, 26（2）: 452–490.

[109] Rochet J C. *Capital requirements and the behaviour of commercial banks* [J] . European Economic Review, 1992, 36（5）: 1137–1170.

[110] Rubio M, Carrasco-Gallego J A. *The new financial regulation in Basel Ⅲ and monetary policy: a macroprudential approach* [J] . Journal of Financial Stability, 2016, 26: 294-305.

[111] Bertrand M, Schoar A. *Managing with style: the effect of managers on firm policies* [J] . Quarterly Journal of Economics, 2003, 118（4）: 1169-1208.

[112] Bharath S T, Dittmar A K. *Why Do firms use private equity to opt out of public markets?* [J] . Review of Financial Studies, 2010, 23（5）: 1771-1818.

[113] Strahan P E. *Liquidity production in 21st century banking* [R] . NBER Working Paper, 2008.

[114] Bhattacharya S, Thakor A V. *Contemporary banking theory* [J] . Journal of Financial Intermediation, 1993,（3）: 2-50.

[115] Tchana F T. *The welfare cost of banking regulation* [J] . Economic Modelling, 2012, 29（2）: 217-232.

[116] Tobin J. *The theory of portfolio selection* [M] //Hahn F H, Brechling F P R. The theory of interest rates. London: Macmillan Press, 1965.

[117] Turrini A, Roeger W, Szekely I P. *Banking crises, output loss, and fiscal policy* [J] . CESifo Economic Studies, 2012, 58（1）: 181-219.

[118] Van den Heuvel E T P, De Witte L P, Stewart R E, et al. *Long-term effects of a group support program and an individual support program for informal caregivers of stroke patients: which caregivers benefit the most?* [J] . Patient Education and Counseling, 2002, 47（4）: 291-299.

[119] Van den Heuvel S J. *The welfare cost of bank capital requirements* [J] . Journal of Monetary Economics, 2008, 55（2）: 298-320.

[120] Vazquez F, Federico P. *Bank funding structures and risk: evidence from the*

global financial crisis ［J］. Journal of Banking & Finance, 2015, 61: 1–14.

［121］Ivashina V, Scharfstein D. *Bank lending during the financial crisis of 2008* ［R］. Working Paper, 2008.

［122］Acharya V V, Pedersen L H, Philippon T, et al. *Measuring systemic risk* ［R］. Federal Reserve Bank of Cleveland, Working Paper, 2010.

［123］Acharya V, Merrouche O. *Precautionary hoarding of liquidity and interbank markets: evidence from the subprime crisis* ［J］. Review of Finance, European Finance Association, 2013, 17(1): 107–160.

［124］Wei X, Gong Y X, Wu H M. *The impacts of net stable funding ratio requirement on banks'choices of debt maturity* ［J］. Journal of Banking and Finance, 2017（2）: 1–15.

［125］Wei B G N F, Bostandzic D, Neumann S. *What factors drive systemic risk during international financial crises?* ［J］. Journal of Banking & Finance, 2014, 41: 78–96.

［126］Wei B G N F, Neumann S, Bostandzic D. *Systemic risk and bank consolidation: international evidence* ［J］. Journal of Banking & Finance, 2014, 40(C): 165–181.

［127］Choi W, Han S, Jun S H, et al. *CEO's operating ability and the association between accruals and future cash flows* ［J］. Journal of Business Finance & Accounting, 2015, 42（5–6）: 619–634.

［128］巴曙松，高江健. 基于指标法评估中国系统重要性银行［J］. 财经问题研究，2012（9）：48–56.

［129］巴曙松，尚航飞，朱元倩. 巴塞尔Ⅲ流动性风险监管的影响研究［J］. 新金融，2012（11）：41–45.

［130］陈颖，张祎.净稳定融资比率的影响因素及对银行利润的影响研究——基于美国商业银行动态面板数据的实证检验［J］.中央财经大学学报，2017（3）：37–47.

［131］陈忠阳，刘志洋.国有大型商业银行系统性风险贡献度真的高吗——来自中国上市商业银行股票收益率的证据［J］.财贸经济，2013（9）：57–66.

［132］程凤朝，叶依常.资本充足率对宏观经济的影响分析［J］.管理世界，2014（12）：1–11.

［133］范小云，王道平，方意.我国金融机构的系统性风险贡献测度与监管——基于边际风险贡献与杠杆率的研究［J］.南开经济研究，2011（4）：3–20.

［134］高国华，潘英丽.银行系统性风险度量——基于动态 CoVaR 方法的分析［J］.上海交通大学学报，2011（12）：1753–1759.

［135］郭卫东.中国上市银行的系统性风险价值及溢出——基于 CoVaR 方法的实证分析［J］.北京工商大学学报：社会科学版，2013（4）：89–95.

［136］郭卫东.中国上市银行的系统重要性评估——基于指标法的实证分析［J］.当代经济科学，2013，35（2）：28–35.

［137］胡德宝，王晓彦.巴塞尔协议Ⅲ框架下的流动性风险监管：机理、影响与国际经验［J］.南方金融，2016（2）：53–59.

［138］胡莹，仲伟周.资本充足率、存款准备金率与货币政策银行信贷传导——基于银行业市场结构的分析［J］.南开经济研究，2010（1）：128–139.

［139］黄宪，马理，代军勋.资本充足率监管下银行信贷风险偏好与选择分析［J］.金融研究，2005（7）：95–103.

[140] 李明辉，黄叶苨.商业银行系统性风险溢出及系统重要性研究——来自中国 16 家上市银行 CoVaR 的证据 [J].华东师范大学学报：哲学社会科学版，2017（5）：106–116.

[141] 李明辉，刘莉亚，黄叶苨.巴塞尔协议Ⅲ净稳定融资比率对商业银行的影响——来自中国银行业的证据 [J].国际金融研究，2016（3）：51–62.

[142] 李明辉，刘莉亚，孙莎.发展非利息业务对银行有益吗？——基于中国银行业的实证分析 [J].国际金融研究，2014（11）：11–22.

[143] 李明辉，孙莎，刘莉亚.货币政策对商业银行流动性创造的影响——来自中国银行业的经验证据 [J].财贸经济，2014（10）：50–60.

[144] 李涛，刘明宇.资本充足率、银行信贷与货币政策传导——基于中国 25 家银行面板数据的分析 [J].国际金融研究，2012（11）：14–22.

[145] 李运达，马草原.信贷风险、资本金约束与货币政策的有效性 [J].当代经济科学，2009（5）：1–8.

[146] 廉永辉，张琳.流动性冲击、银行结构流动性和信贷供给 [J].国际金融研究，2015（4）：64–76.

[147] 梁琪，李政.系统重要性、审慎工具与我国银行业监管 [J].金融研究，2014（8）：32–46.

[148] 陆静.巴塞尔协议Ⅲ及其对国际银行业的影响 [J].国际金融研究，2011（3）：56–67.

[149] 潘敏，陶宇鸥，汪怡.商业银行长期流动性监管具有顺周期特征吗？——来自中国银行业的经验证据 [J].国际金融研究，2017（4）：76–85.

[150] 芮琳琳.影子银行运行机制分析 [J].当代经济，2016（30）：73–75.

［151］隋洋，白雨石．中资银行应对流动性监管最新要求的策略研究［J］.国际金融研究，2015（1）：62-69.

［152］潘敏，汪怡，陶宇鸥．净稳定资金比率监管会影响商业银行的风险承担和绩效吗——基于中国银行业的经验证据［J］.财贸研究，2016（6）：19-28.

［153］田娟．第三版巴塞尔协议净稳定资金比例的最新修订及启示［J］.南方金融，2014（6）：31-34.

［154］王擎，田娇．银行资本监管与系统性金融风险传递——基于 DSGE 模型的分析［J］.中国社会科学，2016（3）：99-122.

［155］王志斌，毛彦军，银行资本监管对货币政策信贷传导机制的影响［J］.西安交通大学学报：社会科学版，2013（1）：31-35.

［156］许坤，苏扬．逆周期资本监管、监管压力与银行信贷研究［J］.统计研究，2016（3）：97-105.

［157］严兵，张禹，王振磊．中国系统重要性银行评估——基于 14 家上市银行数据的研究［J］.国际金融研究，2013（2）：47-57.

［158］翟光宇，刘萌萌．中国上市银行资本缓冲周期性研究——基于 2005—2014 年季度数据的实证分析［J］.产业经济研究，2016（1）：92-99.

［159］钟伟，谢婷．巴塞尔协议Ⅲ的新近进展及其影响初探［J］.国际金融研究，2011（3）：46-55.

［160］周莉萍．银行业监管：一般理论及实践发展［J］.金融评论，2016（5）：6-31.

［161］周露娜，曹前进．流动性监管对中国商业银行行为的影响——基于巴塞尔协议Ⅲ审慎监管视角［J］.浙江金融，2017（7）：52-60.

［162］朱波，杨文华，邓叶峰．非利息收入降低了银行的系统性风险吗？——

基于规模异质的视角［J］.国际金融研究，2016（4）：62-73.

［163］邹宗森，原磊，郑琳.资产质量、资本监管制约了银行的信贷扩张？——基于我国11家商业银行的分析［J］.中国社会科学院研究生院学报，2014（5）：33-39.

致 谢

当我圆满完成博士论文并写下"致谢"两字时，忽然想起一件有趣的往事。

2015 年 11 月的一天，吴杰学长在同德楼 B103 靠书柜的那张书桌前重重地敲下了最后一个字，长吁一口气后郑重宣布，搞定博士论文正文。他兴奋地起身，走到一楼接了杯开水，回到书桌前，虽然已经快到晚上 10 点了，但还是敲下了"致谢"两个字。他说："我读博士这几年，所有的一切都是为了写这个致谢。"

往事如昨。今天，我也终于收获了如吴杰学长们同样的成功喜悦。

2013 年 8 月 26 日，我坐上福州开往上海虹桥的动车，赴上海财经大学继续读研。父母与我一同前往，父亲用小轮车拖被褥的样子被母亲笑称像"农民工进城"。

父亲可不就是个鄱阳湖水乡里走出来的穷小子吗。然而在大多数同龄人还为工作前途烦恼的时候，我能无忧无虑地完成博士学业，全靠父亲四十年来辛苦赚钱养家。父亲虽然是个乐天派，遇到高兴的事就会扭扭屁股唱个歌，但其实他的青年时代非常坎坷。他 15 岁参加高考，考出了能上重点大学的分数，报考医科大学，可到了体检的时候才发现自己是个色盲，只进了师专，18 岁就当上了中学数学老师，虽然培养出考上清华北大的学生，但他一直不安于现状。22 岁那年父亲考研成功走出了江西珠湖农场。我出生后，父亲为了给我挣奶粉钱到处做课题，一出差就是几个月。在我的记忆中，他总是很晚睡觉，或写文章或在外应酬，长年累月，白头发比爷爷的还多。他总是不知疲倦地工作，一年 365 天手机总是开着，经常一开会就是五六个小时。母亲说："如果不是你爸，我早就让你出去工作挣钱了。"父亲摸爬滚打这么多年，常常在我耳边唠叨一些话，"人要为这个社会做出贡献""永远要懂得感恩"等，看似豪言壮语实为肺腑之言。在我纠结没钱回福州参加好朋友婚礼时，父亲立马给我订了一张机票，他说："回家，什么时候都欢迎。"

　　母亲总是标榜自己是个勤俭持家的好媳妇。2013 年高铁还不普及，只有和父亲一起出门我才勉强有坐动车的"优待"。我没有办法诟病，因为母亲的节省永远是只对自己。无论严寒酷暑，能坐公交绝不开车；无论商场离家多远，能回家做饭绝不下馆子。我读研期间，她每次一个人来上海时总是坐傍晚出发的绿皮火车卧铺，次日清晨 5 点左右到达南站，再坐上一个多小时的地铁，住进学校附近的快捷酒店。出远门前她怕大家赶不上饭点会挨饿，总是买一条几块钱的面包做干粮，在包里放一礼拜没机会吃也舍不得扔。我有一次把难以下咽的硬邦邦的厚底披萨（deep dish pizza）侧皮直接扔掉，而母亲则"大动干戈"地从垃圾桶里把披萨饼皮掏出来拍照片发给父亲，并配上一大段文字数落我的浪费行为。虽然节省，但是她在我的"吃"和"学"上从来不抠，从我的身材体型和书房的书量（虽然不一定都翻过）上就可见一斑。还记得我上大学的时候生活费少，爱吃新疆香梨却舍不得买，每次看见只敢买一个解馋。母亲知道以后，在我每次回家时都会准备一篮，连着买了几个学期。母亲虽然做饭不好吃，但是好不容易遇到一个我评价很高的菜就会连续做上一个月直到全家都吃腻为止。母亲节衣缩食忙忙碌碌了几十年，虽然是名牌大学的毕业生，但从未站到台前，一直在幕后全力以赴支持父亲和我，事无巨细地安排这个家的点点滴滴。

父母对我的学业盯得很紧，对高学历的追求也孜孜不倦，这大概是每个知识分子家庭的通病。当初保研的时候有专硕和硕博连读两种选择，山东大学本科的顺利让我对学术并不排斥，他们在背后一推，我就自然而然走上了硕博连读的道路。按母亲的理论就是——省时间。到上海财经大学的那一年，几场优秀毕业生报告的狂轰滥炸让我迷茫了，我的想法越来越多。与山东大学传统保守的学风截然不同的是，上海财经大学的学风更偏向实用主义。我开始怀疑自己是否选择了正确的道路，甚至准备退博转硕早日过上虽然每日加班至深夜、在交通工具上补觉但年薪百万的生活。这时候，又是父母把我骂醒，让我马上联系导师继续读博，斩断所有不切实际的想法——后来证明，它们确实是不切实际的。而经历了五年学术生涯后，我发现自己原来如此喜欢读博的挑战性。

成为刘莉亚老师的弟子是我做过的最正确的选择之一。2013年刘老师已经是金融学院的常务副院长，她对待工作上的问题一丝不苟，对师门的学生非常严格，师兄的论文被当面训斥打回修改的场景还历历在目。在我最初的印象里，刘老师是一位"威严可怕"的女强人。然而几次谈话让我完全改变了之前的想法，刘老师并不只是一个高高在上的师长，她还是一位喜欢闲聊的邻家大姐姐，一位谈起女儿月亮就面带笑意的母亲，一位回忆起学生时代就饱含激情的少女，一位路见不平拔刀相助的女侠。刘老师与众不同，还因为她对我们的关心胜似父母。她坚持"只有生活上没有压力，才能安心做好学术"，每学期都给我们额外的科研补贴，让我们专注写论文。她还给予了我们很多精神上的支持，记得在明辉师兄犹豫毕业后是否进高校工作时，她以自己到上海打拼的经历开导师兄，不要为眼前的困难而放弃擅长的职业，要以乐观的心态迎接每一个挑战。在我对未来的职业岗位充满未知的恐惧时，她告诉我无论最终结果是什么，都应该放低姿态，踏踏实实做好眼前工作，以不变应万变，等待时机的到来。可以说，没有刘老师，我的人生将缺少一位榜样，我的博士生活也将是另一种画面。

在刘老师的带领下，师门的风气也很好，都是年龄大的带小的，合作讨论，产出更多。这里我要特别感谢带我并与我合作的李明辉师兄，从 stata 软件的系统学习、建模与编程，到小论文的撰写套路等，都是师兄手把手教的。可以说没有李明辉师兄，我将多付出两倍的时间来摸索，毕业发文的要求将很难达标。

在很多导师都希望把学生留在身边干活的时候，刘老师却鼓励学生出国交流，因此我才有机会受何治国老师的邀请赴芝加哥大学布斯商学院进行了为时一年的公派留学访问。

说来硕博五年一共听过三次何老师的公司金融理论课。第一次旁听是在研一时六月的一个下雨天，上财四教一楼小小的教室那天塞满了人。何老师又瘦又高像根麻秆，一身刚毕业的博士生打扮，尽力用着平时并不惯用的中文激情飞扬地写着板书。那时的我三门专业课刚刚学完，因为听不懂，所以只听了一节课就放弃了。研二我正式修这门课时，见何老师留起了小胡子，问起原因，何老师说他总在校园里被错当成学生，留个胡子能让自己看起来成熟一些。真正完全听懂这门课，是在 2017 年芝大访问的第二学期，靠着课前预习、课时提问、课下讨论才完全啃下来，不变的是何老师依然潇潇洒洒激情板书。虽然过程痛苦，但是这门课使我对金融学理论体系的认识有了质的提升，发表在《财经研究》的一篇研究假说提出的小论文也得益于这一门课。没有何老师的邀请，我就没有机会感受国际顶级院校的学术氛围，也没有机会接受金融学多个领域奠基人的专业课程训练，如传统资产定价理论和实证的奠基人 Fama，商业银行理论奠基人 Diamond 和 Rajan，公司金融实证大师 Zingales、Sufi、Kaplan 等等。在芝加哥大学认识的李健、卢近知、王乙杰博士也对我的论文提供了很多的宝贵建议。

在芝大的这一年，我和周边同志打了至少 365*2 个视频电话。切身体验了一把小学时红遍大江南北的那首《孤单北半球》歌词里的生活——"用我的晚安陪你吃早餐"。也是这一年，坚定了我们一起走下去的决心。周边同志比我低两级，不知道为什么能以专业第一名的成绩本校保研，曾经的学霸，读研之后却沦为了学渣，还是特别爱吹牛皮的那种。我和周边同志算是在我给他辅导高等代数和数理统计（简称"高计"）的时候认识的，他说他本科高计分别是 99 和 98 分——因为按上海财经大学的制度给满分要被多次核查。可是我给这位老哥将幂等矩阵和 t 统计量解释了 10 遍也记不住，嘴上说懂了，换个模型推导又忘个一干二净。我和周边同志吵吵闹闹，他总是积极承认错误，但死不悔改。不过我这种一不顺心就发火的臭脾气，也只有周边同志能忍受得了了。还记得 2017 年的 4 月，工作论文"难产"一年多也发表不出来，毕业压力骤增，我甚至都做了延毕的打算。对于手头的论文就想一口气写完赶紧投出去。那段时间我们最大限度地利用时差的优势，他睡了我干，我睡了他接着干。然而我们几乎每天早上交流进度的时候我都会发脾气，而周边同志永远像一块小海绵，吸收我的毕业压力。除了工作上的配合，周边同志对我的包容和关爱体现在生活中的一件件"小事"中。比如我拔完智齿的那天，医生建议冰敷，然而我四处买不到现成的冰块，周边同志只好冲进麦当劳买了可乐一口气喝掉，留下冰块做成冰袋，自己却冻伤了胃；比如我在央行实习的时候周边同志每天跟着我早晨 6 点多起床，骑 20 分钟的小破自行车送我去江湾体育场地铁站，无论我几点回学校他都来地铁站接，和我一起吃晚饭；再比如此时此刻我正在熬夜写致谢的时候，周边同志发短信说明天早上一定会买好我喜欢吃的早饭送到我宿舍，因为熬夜写文章太辛苦了，即便

他也一直坚持着送早饭从没间断过……其实远远无法穷尽生活的点滴，就像
周边同志说的，我们的生活本身就像一首诗，我们自己不需要感动，因为我
们身处其中。

　　感谢所有以上我提到或者还未能提到的人，走到今天，离不开与你们的
"羁绊"。我很幸运，我很幸福。我在校读书的时间长达 21 年，不久就将走
向新的征程。然而我明白，还有太多的未知等待我去挖掘，有太多的酸甜苦
辣等待我去体验。带着亲人的爱和贵人的帮助，相信我在未来的日子里不会
迷茫，也不会失落。

2018 年 4 月 20 日